맛있게 먹겠습니다

맛있게 먹겠습니다

천호균 지음

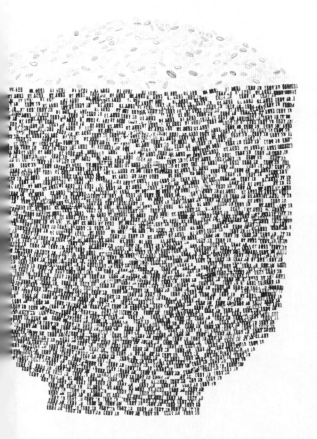

도서출판 파주에서

평생동안 예술문화 활동을 지원해온 천호균선생이 회갑에 이르르자 깨닫게 된 '농사가 예술이다'라는 생각은 헤이리에 논밭예술학교를 만드는데까지 나아가게 되었다. 이후로 예술가로서의 농업인들을 지원하고 알리는 일에 열정을 쏟아왔다.

시중에 맛에 대한 정보가 차고 넘치지만 천호균선생의 '맛집기행'이 다른 여러정보들과 다른 것은 농업에 감각의 옷을 입히려는 선생의 탁월한 味感과 美感으로 발품을 팔아 직접 확인한 정보들이기 때문이다.

내가 아는 천선생은 음식의 감각적인 맛을 탐닉하기에 앞서 음식을 만드는 사람을 더 먼저 중요하게 여기는 것 같았다.

천선생이 만든 논밭예술학교의 '키친 참'에서는 다양한 문화 행사를 열어서 농부와 요리사 그리고 아이들과 고향을 잃은 도시인들을 하나로 연결해주는 일을 해 왔다.

지난 여러해 동안 지속 되어온 이러한 활동은 천선생으로 하여금 음식문화의 가치와 철학을 더 깊이 생각하는 시간들이 되었다.

이런 생각들이 녹아 들어 있는 천선생의 맛에 대한 표현은 예술가 답

게 디테일하고 사람에 대한 따스함이 양념처럼 배여서 그 글을 읽고 있
노라면 그 맛집에 달려가보고 싶은 마음이 문득 든다.

무엇보다도 땅과 강과 하늘이 사람들 사이사이에 온전하게 연결이 이
루어지도록 헌신하는 마음으로 바쁜 시간을 쪼개어 발품 팔고 애정을
담아 쓴 맛집기행이어서 읽는 동안 내내 알차고 영양가 높은 밥상을 바
로 앞에 둔 것 같다.

'농업의 창조성과 음식의 생명성'이 하나 되어야 온전한 맛이 살아나
는 이치를 잘 아는 분이 쓴 맛집기행이 한권의 책으로 묶여지는 것은 그
래서 특별하다.

파주를 중심으로 근교의 서울까지 여행을 즐기려는 사람들에게는 매
우 요긴한 자료집이 될 것이다.

정직한 마음으로 음식을 만드는 곳곳의 맛집들에 손님들이 차고 넘치
기를 바란다

문성희(평화가 깃든 밥상 대표)

맛과 멋은 언제나 함께 가는 것이다. 미美는 아름답고 맛있는 것이며, 맛집은 멋집이 아니면 그 자격을 오래 유지하기 힘들다. 천호균 대표님처럼 멋진 사람이 맛집기행을 쓰신다니 그 내용은 읽어보지 않아도 알 만하다. 하지만 취향은 개인적인 것이니 읽어보고 확인해 봐야한다. 논리적으로도 따져보고 감성적으로 맞춰볼 일이다. 아름다움과 맛이 논리가 아니고 윤리가 아니고 오직 감성이라는 것은 잘못이다. 지극히 논리적이고 지극히 윤리적이고 매우 감성적인 영역이다. 이런 점에서도 특히 믿고 볼만하다.

먹여주고 살려주는 어머니의 시대가 쇠퇴하고, 식당이 본격화된 요즘. 엄마가 해주는 집밥 같은 음식, 반복되는 지겨운 일상을 벗어나게 해주는 새로운 음식을 집밖에서 찾는 이들은 매일 맛집 검색에 뛰어든다. 식당 탐방기가 이처럼 다양한 시대가 또 있었을까. 정보의 홍수 속에서도 이 책이 빛나는 이유는 맛집을 대하는 자세가 언제나 종합적이라는 데 있다. 하나만 보거나 치우치지 않고 음식과 농사, 손님과 주인, 사람과 자연이 어울려 조화를 이루는, 식당에서 펼쳐지는 드라마를 그

려내고 있다는 점이 신선하게 다가온다.

좋은 음식이 나오려면 좋은 재료와 건강한 사람, 올곧은 뜻이 조화를 이뤄야 하며 물산과 사람은 모이고 통하고 흘러야 건강한 생명력을 갖는다. 예로부터 파주는 토지가 비옥하고 남북의 육로와 동서의 수로로 인하여 물산도 풍부하며 사람들의 교류가 활발한 곳이다. 책 속의 음식과 인간관계가 편안하고 주위 환경도 충분히 받쳐주니, 한 회 한 회 파주에서의 연재를 거듭할수록 파주가 변화하고 음식이 변화하고 독자들이 변화하는 듯이 느껴진다. 맛집기행은 결코 기행으로 끝나지 않고 파주 맛집 형성의 기폭제가 될 것이며, 파주가 남북 음식문화 교류와 형성의 길목이 될 것임을 믿게 된다. 파주에서 시작하고 임진강과 한강으로 흐르면 남과 북으로 동과 서로 흐를 뿐만 아니라 임원의 이상이 고금을 아우를 날이 머지않을 것이다.

정정기(임원경제연구소 번역팀장)

나는 광화문 내수동에서 태어났다. 음식 솜씨 좋은 어머님 덕분에 골고루 잘 먹고 자랐지만, 누가 어디서 어떤 수고로 먹을 것이 내입에 오는지를 한번도 생각해본 적이 없는 음식 무지렁이었다. 10여 년 전 파주에 내려와 텃밭농사를 지으며 육십이 다 될 즈음에야 어린 아이의 순수한 눈을 가지고 "농사는 예술이다" 라고 농사를 제대로 볼 수 있었다. 예술은 아름다움을 나누는 일이기에 인간만이 할 수 있는 가장 고귀한 일이다. 농사는 흙, 바람, 햇빛, 자연과 함께 그리는 그림이고 먹거리를 나누는 영원한 예술인 것이다. 농사와 예술은 나눔이다. 농사가 나눔이면 음식도 나눔이다. 음식은 어머니가 식구들을 위해 온갖 정성으로 만든 생명의 근원이다. 더 먹고 힘내고 잘 자라라고, 아무리 힘들고 어려운 일이 있어도 잘 이겨나가라고.

천천히 씹어서/공손히 삼켜라/봄부터 여름 지나 가을까지/그 여러 날들을/비바람 땡볕 속에 익어 온 쌀인데/그렇게 허겁지겁 먹어서야/어느 틈에 고마운 마음이 들겠느냐/사람이 고마운 줄 모르면/그게 사람이 아닌거여.

이현주선생님의 이 시와 같은 마음을 얼치기 농부가 되어서야 알게 되었다. 음식이 상위에 오르기까지 수많은 사람의 손을 거친 수고와 음식에 깃든 정성을 생각하며 고마운 마음으로 잘 먹는 것이 온전한 식사이고 제대로 먹는 것이라고 말이다.

이 책은 신문협동조합 〈파주에서〉 노랑모자농부의 맛집탐방이라는 지면으로 3년 동안 제철 따라 지역의 건강한 먹거리를 찾은 글을 모은 것이다. 바쁜 시대를 살다 보니 엄마의 집밥은 귀해지고 식당이 그 역할을 대신하고 있다. 잘 하시는 분에게는 찬사를, 조금 미흡하면 더 잘하시라는 격려와 바램으로 처음부터 나름의 선정기준을 만들었다. 첫째는 음식을 만드는 사람의 삶을 엿보자. 둘째는 상위에 오른 음식재료들이 어디서 어떻게 왔는가를 살펴보자. 셋째는 입도 눈도 즐겁지만 속도 편안한가를 생각하자.

지역에서 오랜 시간 자리를 지키며 식당 업을 하시는 분들은 보시의 마음을 지니신 분들이었다. 남을 위해 정성과 수고를 아끼지 않으며 장사만이 목적이 아니라 귀한 밥상 나눔을 하고 있음을 보았다. 외식이라고, 식당이라고, 대가를 지불했다고 허투루 먹을 수는 절대로 없는 일이었다.

음식을 만드는 사람들의 노고를 잊지 말자. 그것이 비로소 잘 먹는 것이 되어 몸과 마음을 살찌우며 우리는 새로운 창조의 에너지를 얻게 될 것이다. 음식기행을 하며 보살도 발명가도 어부도 만났다. 많은 것을 보고 듣고 배우는, 음식을 통한 성찰의 시간이어서 행복한 즐거운 나들이이었다.

천호균

밥

차례

직접 기른 토종닭집
고향

주소 파주시 탄현면 대동리 57번지
문의 031-944-2665, 010-944-5145
영업시간 자유롭게(매주 월요일 휴무)

이 집은 파주에서 나의 첫 단골집이다. 프로방스 맛고을 지나 족히 1킬로미터로 쯤 가면 왼편에 '고향' 입간판이 보인다. 이 식당은 알고 가지 않으면 도저히 그냥은 찾을 수 없다. 손님이 없을 듯한데 7년이나 이곳에서 식당을 잘하고 있다.

왜 이렇게 외진 곳에 식당을 열게 되셨냐고 물었더니 뜻밖의 사장님 말씀에 단골이 되지 않을 수 없었다. 식당을 열 요량으로 파주에 왔는데 손님이 많으면, 내 깜냥으로는 벅찰 것 같아서 어쩌다 오는 손님을 내 식구처럼 온 정성을 다해 대접해보자는 생각이라고 했다. 그 말은 하나도 틀린 게 없었다.

이집 메뉴는 토종닭과 매운탕 두 가지이다. 주문하면 즉시 밭으로 가서 풋고추, 깻잎 따오고, 바깥양반은 토종닭 잡고 낚시해 온 민물고기 손질하여 매운탕 끓이고 밑반찬들 하나둘씩 내 오는데 어디서 이런 상을 받아볼지 꼭 시골 외할머니 댁에 온 기분이다.

봄에는 온갖 산나물 무침이 푸짐하다. 원추리, 민들레, 돌나물, 달래, 머위, 곰취, 둥글레, 홑잎, 두릅 등과 여름에는 양파무침, 호박전, 가지, 풋고추, 왕고들빼기쌈, 깻잎, 묵은지 등이고 지금은 콩잎장아찌, 고추부각, 노각무침, 늙은호박 새우젓 찜, 고구마줄기나물 등의 제철 나물이 푸짐해 주인공인 토종 백숙을 잠시 잊을 정도다. 그래서 채식하는 사

16

람도 자주 온다. 그러면 직접 담근 장으로 된장찌개를 해주는데 그 맛도 훌륭해 메뉴로 넣자고 해도 그건 아니라고 손사래친다. 닭은 백숙과 볶음탕이 있다. 집에서 기르는 토종이다 보니 약간 질기다. 그러나 푹 고아서 죽죽 잘 찢어지고 씹을수록 맛있다.

내가 살고 싶은 집

이 집의 풍경은 내가 그리던 모습이다. 입구에 들어서자마자 마당에는 온갖 꽃들이 피어있다. 맨드라미 꽃송이가 복수박 만하다. 장독대 근처엔 범의꼬리, 금계국, 옥잠화, 세이지가 한창이고 벌써 쑥부쟁이 보랏빛 꽃이 한두 송이 피기 시작한다. 오른쪽 창을 열면 바로 논이다. 어느새 벼이삭이 고개 숙였다. 이제부터 따가운 햇살에 이삭은 점점 무거워져서 산들바람만 불어도 황금 파도로 물결칠 것이다.

참, 어느 해 가을 도토리가루에 부추 넣어 얇게 부친 약간 떫고 아린 맛 도는 도토리 부침개가 생각난다. 올 가을에도 염치없이 길숙자 사장님께 부탁해봐야겠다. "한 접시 더 해주시면 안 돼요?"

40년 어부가족
대명매운탕

주소 파주시 문산읍 통일로 1700
문의 031-958-6025
영업시간 오전 10시~오후 10시(매월 마지막주 월요일 휴무)

옥돌참게의 아릿한 감칠맛

따끈한 햇살과 기분 좋은 산들바람에 아름답게 익어가는 황금들판을 바라만 보아도 행복해지는 가을 날이다. 오늘은 헤이리 마을의 이웃, 유미옥 화백과 함께 가을 바람이 살찌운 임진강 옥돌참게의 제 맛을 찾아 임진강 어부가족이 운영하는 대명매운탕으로 향했다. 예부터 임진강 참게의 명성은 익히 알고 있었다.

"가을 게는 임진강 참게, 봄 별미는 섬진강 참게"

"서리가 내릴 무렵 참게는 소 한 마리와도 바꾸지 않는다"고.

그 옛날, 조선시대 임금님 수라상에도 올려졌다 한다.

임진강 참게는 9월부터 11월까지, 딱 이 맘 때가 제철이다. 지금 먹는 참게는 게딱지 속의 노란 알과 짭조름한 게장의 구수하고, 입에 착 달라 붙는 아릿한 감칠맛 때문이겠다. 대명매운탕의 게장 백반은 특이하다. 사기대접에 계란 노른자만 넣어 참기름 몇 방울과 송송 썬 파를 얹어준다. 그러면 게딱지 속의 알과 장을 넣어 비벼 먹기도 하고 적당히 쪼개준 게 다리 한 조각씩 입에 넣고 쭉쭉 빨면서 발라먹는다. 이 조합은 고소하고 부드러워 어렸을 적 할머니가 배 아프면 떠 먹여 주셨던 한 입에 쏙 들어가는 흰 죽에 깨소금 넣은 그 맛이 아닐까?

어부님 경력은 40년, 12년 전만해도 사모님도 함께 배를 타셨는데 지금 사모님은 12년차 주방장이 되셔서 따님과 아드님과 함께 지금의 이 맛을 내고 있다.

쏘가리•메기 매운탕에는 참게가 들어가기 때문에 민물매운탕 같지 않은 깔끔하고 담백한 맛이 나는 듯하다.

민물고기의 흙내와 생선비린내를 없애기 위해 육수 개발에 심혈을 기울였단다. 봄 가을 육수에 들어가는 재료는 제철 생선이다. 봄에는 붕어, 여름에는 메기, 빠가, 가을에는 참게와 새우를 푹 고아 육수로 쓰니 시원한 맛이 난다 하였다. 또 얼큰하고 감칠 맛을 내기 위하여 다대기 만들기에 정성을 쏟았는데 고추, 밤, 대추, 양파, 파, 마늘 등을 함께 다져서 2~3개월 숙성시켜 맛을 낸다고 한다.

수족관의 수종은 항상 다양하다. '빠가사리, 메기, 붕어, 잉어, 쏘가리, 황복, 장어…' 특히 어떨 땐 아이 손목만큼 굵고 길고 힘찬 임진강 자연산 장어가 나와 푹 다린 약장어로 팔리기도 한단다. 쌀과 야채 등은 이웃집들에서 농사 지은 배추, 고추, 쌀을 이용하니 마을 분들과의 상부상조의 마음도 넉넉하다.

임진강에 대한 남다른 사랑

40년 동안 사시사철을 같이한 어부님의 임진강에 대한 생각은 남다르다.

"여름 장마가 강 속 밑바닥까지 훑고 지나가면 또 다시 강은 새살 돋듯 젊어져 우람한 청년처럼 도도한 강이 되어 흐르는 것을 왜 잘 모르는지……".

5년 전부터 모래 채취가 부쩍 늘었다며 하천 정비사업이란 명목으로 순리를 거스르는 게 못내 걱정되고 서운하시다.

온전히 바람 햇살 땅의 고마움으로 이 밥상을 받기까지 농부님 어부님 …여러분의 노고에 고마움을 전하는, 저절로 나오는 소리 없는 말.

"잘 먹겠습니다."

"잘 먹었습니다."

오늘도 이 말을 뒤로 하고 '대명매운탕'을 떠났다.

후기▶ 부모님이 갑자기 편찮으셔서 문산읍으로 이동하여 영업한지가 몇 개월 지났다. 음식맛이 바뀌었을까봐 걱정했는데 고스란히 이어받아 똑같은 그 맛에 안심했다.

7년 가꾼 꽃자리를 그대로 둔 주인의 마음
츄로바

주소 파주시 탄현면 헤이리 마을길 55-30
문의 070-4257-9498
영업시간 주중 오전 11시~오후 7시, 주말 오전 11시~오후 8시(월 · 화요일 휴무)

츄로바는 츄러스를 즉석으로 만들어 내어놓는 곳이다.

흔히들 츄러스는 놀이동산과 스키장 에서 사먹는 어린이 간식 쯤으로 여기는 경우가 많은데 알고보면 그렇게 간단치만은 않은 음식이다.

츄러스는 스페인의 국민 간식으로 스페인에서는 그 어떤 음식보다도 생활 깊숙이 자리하고 있다. 지역마다 저마다의 특색을 가진 레서피 들이 존재 할 정도이다.

츄로바의 츄러스는 이런 스페인의 정통한 방법을 따라 만들어 나온다.

주문과 동시에 츄러스 기계에서 짜여 나오는 길쭉한 반죽은 처음 본 이들에게는 새로운 볼 거리이기도 하다. 특히 이집 츄러스의 반죽에는 우유, 버터, 계란 등 일반적인 밀가루 반죽에 들어가는 재료가 전혀 들어가지 않는다. 일부 츄러스 전문점에서 사용하는 파우더 반죽은 더더욱 아니다.

오로지 밀가루와 약간의 천연재료로 끓는물을 이용한 익반죽 그리고 적절한 기름온도와 전용 튀김기, 그리고 만드는 사람의 노하우만이 있을 뿐이다.

이렇게 잘 튀겨진 츄러스에는 향긋한 냄새가 풍기는 시나몬 설탕 또는 전분 설탕이 뿌려지고 5가지의 소스 중 하나를 선택해서 찍어 먹으면 된다.

겉은 바삭하고 속은 적당하게 폭신한 츄러스의 맛은 요즘 서울 곳곳에 생겨나고 있는 츄러스 전문점과도 뚜렷이 차별화된 맛을 선사한다.

특히 츄로바에서만 맛 볼수 있는 오렌지 크림소스와 블루베리 소스는 전세계 어느곳에서도 볼 수 없는 이 집만의 특제 소스로 생과일과 오가닉 재료들로 직접 제작하는 수제 소스로 가장 인기가 높은 메뉴다.

츄러스가 있는 온실

츄로바의 또하나의 매력은 소위 말해 인테리어다. 츄로바 안과 밖은 그야말로 모든 것이 살아 숨쉬는 것들로 채워져 있다. 넓지 않은 츄로바의 실내는 자연 그 자체다. 실외에는 넝쿨진 아이비와 포도, 실내는 이름모를 꽃과 허브가 지천을 이룬다. 카페 어딘가에 조금만 가만히 있을라 치면 어느샌가 향긋한 허브 향이 코로 다가온다. 두 번째는 고소한 츄러스 냄새, 신선하고 향긋한 커피 향이 츄로바의 세번째 냄새이다. 자연의 냄새.

츄러스는 패스트푸드가 아닌 슬로우푸드

주말에 손님들로 북적이면서 남다른 고민도 생겼다.

"들어오셔서 주문 하시면 바로 나오는줄 아시는 고객분들이 아직 많으세요~주말에는 10분에서 15분 정도 기다려야 할 정도로 손님들이 많은데, 사실 저희집 츄러스는 튀기고 설탕을 뿌리는 데만 해도 2-3분은 걸리거든요. 카페를 만들때 더 많은 테이블과 의자를 만들 수도 있었지만 족히 7년을 가꾼 꽃과 식물들, 허브들을 그대로 둔 건 저희집에 오셔서 잠시 자연과 함께 하셨으면 하는 바램도 있었거든요. …조금만 여유를 느껴주셨으면 좋겠어요.

저희집 츄러스는 조금은 느린 아이라고 이해해 주시면 더 감사하구요"

츄로바 주인장의 작은 바램이자, 자신이 만드는 츄러스에 대한 정의이다.

주문 즉시 튀기는 길죽한 츄러스와 소스의 묶음, 국내 최고의 로스터 컴퍼니인 '커피 리브레'의 최상급 원두를 사용한 아메리카노는 츄로바의 또 하나의 시그니처 메뉴이다.

삼봉산 산나물과 장단콩 두부가 부르는
초리연

주소 경기도 파주시 법원읍 초리골길 357-18
문의 031-359-21798

전직 체육교사가 운영하는 한정식집

이 집의 주인은 문산여고 체육교사를 하다 명예퇴직한 후 식당을 운영하는 우민제(62세)씨다. 우민제씨는 파주시 체육의 산 증인이자 역사나 다름없다. 문산여고에서 육상부를 만들었다. 아이들을 가르치려니 학교사택에서 부인이 아이들을 위해 밥을 지었다. 그때부터 치면 40여 년을 밥을 지어온 셈이다.

그렇게 오로지 아이들 체육지도만 하다가 어느날 학교사택에서 나오게 되었다. "학교 사옥에 살았잖아. 애들만 신경쓰고. 20년이 넘었는데 갑자기 나가라는 거야. 어떡해. 우리 애들 컸는데. 아들이 군대 갈 무렵인데. 저 밑에 산속. 새로 생긴 초계탕집 뒤 계곡에서 콘테이너 갔다놓고 살았어. 콘테이너 2개, 3개 갖다놓고. 개울물에서 세수하고. 거기서 개울물에서 야채 씻고. 마누라가 그렇게 하면서 한식 자격증 딴 거야."

콘테이너 생활하다가 한옥을 지어 식당으로

7년동안 콘테이너에서 생활하다 집을 지었다. 한옥으로. 체육교사 배짱이 아니었으면 이루지 못할 일이었다. "학교 그만둔지 얼마 안되서 선후배 의리가 있어서 돈 품을 해줬지. 100만원, 200만원, 몇십만 원씩 보태줬어." 형님 네 분이 도와주고, 선후배 친구들이 도와서 이룬 성취이다. 처음 집을 지을 때는 마을 사람들이 '머리 깎고 스님 하려'는 줄 알았단다. 산 중턱에 삼봉산을 마주하고 의젓이 서 있는 집의 풍채를 보면 그리 오해할 만도 하다.

이 집 초리연은 직접 만든 두부와 제철 나물이 특색이다. 나물은 우민제씨가 초리골을 매일 돌면서 채취한 것이다. "요즘엔 버섯을 따지. 뽕나무 버섯이라든가, 오동나무 죽은 자리에서, 아카시아 나무에서... 미루나무에서 자란 느타리는 향이 기가 막히지."

장단콩으로 직접 만든 두부가 일품

버섯전골 냄새가 솔솔 나는 밥상에서, 장단콩으로 직접 만든 두부를 먼저 집어 입안에 넣었다. 고소함으로 입을 채우고, 그리고 나서 다시

간장에 찍어 먹어보았다. 고소함이 더 진해진다. 두부보쌈 접시에는 고기보다 두부가 더 적다. 장단콩으로 직접 만드는 두부이니, 고기보다 더 비싸기 때문이다. 그래서 메뉴도 고기보쌈이 아니라 두부보쌈이다.

우민제씨는 매일 나물일기를 쓴다. "오늘 같으면 5시에 일어나서 다래순을 한 가마와 한 바구니를 더 땄다. 오늘은 오이순을 땄다. 그렇게 써요. 쓴 지는 얼마 안되었어요. 누군가 배웠으면 하는데." 우민제씨는 매일 산을 탄다. 산에서 고마운 양식을 얻어 온다.

"봄 되면 말도 못해요. 오이순, 우산대, 미역취, 광대싸리"

"봄 되면 말도 못해. 흔히 아는 사람들이 다래순과 광대싸리는 알아. 광대싸리는 맨 마지막에 따는 거야. 근데 그 전에 나오는 오이순, 우산대, 미역취 이런 거는 그 시기 놓치면 못 뜯는 거야. 오늘 뽕잎이잖아. 언제 오면 미역취가 나오고...매번 나물이 바뀌지." 대화를 하면서 산에서 그 파릇파릇한 나물을 만날 때 같은 미소가 절로 나온다. 이렇게 자신이 태어난 땅에서 살 수 있으니 얼마나 행복하냐고 허허 웃는다. 다른 사람 보증 서 주었다가 잃은 땅 5만이 바로 이곳 초리골에 있다. 땅은 잃었지만, 그 땅에서 살고 있으니 누리고 있는 건 바로 자신이라며 초연한 모습이다. 사람은 자기가 사는 자연을 닮는다 했다. 초리골에서 자연에게 감사하며 사는 우민제씨야말로 초리연 음식 맛의 기본 양념이 아닌가 싶다.

벌교 앞바다 여자만 갯벌의 찰진 진흙맛이 찐득한
전망대 벌교꼬막

주소 경기도 파주시 탄현면 성동리 667
문의 031-942-1690
영업시간 오후 4시~새벽 3시까지

꼬막 하면 벌교, 벌교 하면 꼬막이다.

중용에 이런 구절이 있다. "음식을 먹지 않는 사람은 없지만 맛을 아는 이는 드물다".

음식을 만들어 파는 식당 주인이야 말로 맛을 아는 이가 아닐런지.

오늘은 남도의 재료가 고스란히 공수되어 갯벌의 찐득한 짠내가 물씬 풍기는 주막이 있어 저녁만 되면 사람이 북적거리는 벌교 꼬막집을 찾았다. 원래 꼬막 하면 벌교, 벌교 하면 꼬막이다. 전남 보성군 벌교 앞바다의 여자만 갯벌에서 전국 참꼬막의 대부분이 나오기 때문이다. 또 벌교 꼬막을 제일로 치는 것은 여자만의 기름진 갯벌 때문인데 모래와 황토가 섞이지 않은 찰진 진흙 때문이라 한다.

"벌교가면 주먹 자랑 하지 마라"란 말이 있는데 주인 사장님 모습이 왠지 이 말과 관련(?)있어 보인다. 미인이신 사모님의 맛깔스런 남도 사투리, '겁나게 맛있응께 언녕 들어오쇼'가 꼬막 맛을 더한다. 이 부부는 어찌어찌 하여 이곳 파주에서 식당을 하게 되었는데 둘이서 양념 때문에 티격태격 참으로 많이 싸우기도 했다. 지금 지나고 보니 사모님 말씀이 백번 옳았다는 것.

"화학조미료를 일절 넣지 말자."

그 때문에 시원한 콩나물국에 청양 고추 몇 잎이 얼큰하니 천연 조미료이다.

벌교 꼬막집은 뭐니뭐니해도 꼬막을 삶아 양념간장에 찍어 먹는 '참 꼬막찜'이 별미다. 고향인 벌교에서 어렸을 때부터 꼬막 삶는 법은 절로 익혔고 아무리 주문이 많아 바빠도 꼭 즉석으로 삶아냈다. 조갑지를 열면 국물이 조르르 흐르고 입에 넣으면 쫀득하면서 꼬막 장맛에 갯내음이 입안에 가득 퍼진다. 식당 벽면에 크게 걸려 있는 갯벌 사진 속 바닷가에 앉아있는 듯한 착각이 들게 한다.

서대찜은 가끔 저녁 밥반찬으로 일품이다. 큰 접시에 늘 2마리가 나오는데 얼마나 기술적으로 잘 쪘는지 서대살이 감자떡처럼 맑고 투명하다. 그 위에 청양 홍고추, 마늘, 파 송송 썰어 고추양념장 끼얹어 뜨거운 밥반찬으로 먹으면 다른 반찬이 필요 없다. 이 찜 하나로 저녁식사가 훌륭해진다. 철에 따라 전어, 문어, 낙지 등도 풋풋하게 살아 있어 늘 연하고 부드러워 단맛이 돈다.

우연히 맨하탄에서 안소니퀸을 만나다

여기에 가끔 특별 서비스가 등장한다. 재수 좋으면 박찬욱 감독, 영화배우 송강호, 신하균, 정두홍 무술감독 등 연예인들이 자주 와서 멋쩍게 인사도 건네는 것. 연예인 옆자리에서 술을 마실 수 있다는 것이야말로 특별 서비스가 아니고 무엇이랴. 그 옛날 맨하탄에서 멕시코 식당을 갔는데 마침 안소니 퀸이 젊은 부인과 아이랑 식사하고 있었다. 그 장면이 그림처럼 머리에 남아있다. 그런 추억이 만들어질지도 모를 일.

얼마나 경제적인가 파주에서 벌교 꼬막을……

이 '전망대 벌교꼬막'의 꼬막 공수는 주인장 몫. 매주 3일은 김포공항으로 나머지 4일은 고속버스 터미널로 하루도 빠짐없이 다니신다니 그 정성으로도 꼬막 맛이 안 날 수 없다.

지금부터 제철 꼬막 먹고, 아니 벌교 꼬막 먹고 힘 자랑 합시다.

어머니 손 맛, 손만두
손수

주소 파주시 문발동 606-12 1층
문의 031-943-0802, 010-5327-4346
영업시간 오전 11시~오후 9시(매주 일요일 휴무)

어머니 손 맛, 손만두가 부르네.

교하도서관 뒤쪽 두일중학교 건너편에 3,4층 높이의 단독주택들이 오순도순 정겹게 마을을 이루고 있다. 우리는 흔히 그 골목을 '문발동 공방골목'이라 부른다(주민들이 '문화가 꽃피는 마을' 약칭 '문꽃마을'이라 지었다).

양가 부모의 지극 정성 손 맛이 숨어 있어

그 골목 안에 어머니 손맛으로 직접 빚어 만든 손만두와 닭볶음탕이 전문인 '손수'라는 음식점이 있다. 전영미, 이재정 부부가 운영하는 식당이지만 듣고 보니 양가 부모님의 지극 정성한 도움이 있어, 온 가족이 함께 일구는 만두집이었다.

그 옛날 어머니가 만드셨던 만두는 밀가루 반죽을 밀대로 밀어 밥공기로 꾹 눌러 만든 동그란 만두피에, 묵은 신 김치, 두부, 숙주나물, 대파, 돼지고기 다져넣고(꿩고기를 넣었던 기억도 있다), 참기름에 계란도 넣어 소를 만들었다. 만두소를 만두피에 가득 눌러 담고 엄지검지 두 손가락으로 잘 누른 후 끝을 오므려 다시 꼭 눌러주면 오동통하고 예쁜 만두가 만들어졌다.

2% 부족한 맛(?) 엄나무 삶은 물에 닭을 익혀

'손수'는 어릴 적에 먹었던 만두 맛을 요즘 이들이 좋아하도록 대중적인 입맛을 따랐다. 매운 만두소 맛을 잡기 위해 김치에 싱싱한 배춧잎을

데쳐 넣고 육수는 사골과 황태 삶은 물을 4:1로 섞어 감칠맛을 더했다. 만두전골은 표고, 미나리, 대파를 넣고 손님 식성에 맞춰 국물의 얼큰함을 조절하는 세심함도 있다. 닭볶음탕은 닭찜과는 다르게 얼큰한 국물에 잡내와 느끼함이 없도록 닭껍질을 홀딱 벗겨 내고 친정어머께서 보내주신 엄나무 삶은 물을 넣어 고기는 부드럽고 국물은 기름기 없이 깔끔하다. 밥은 조금씩 자주자주 지어 항상 따끈하고 찰지게 내놓는다.

처음부터 화학첨가물은 전혀 사용하지 않았더니 솔직히 말씀해주시는 손님 말이 재미있다.

"2% 부족한 맛이에요. 그렇지만 속도 맘도 편한 집밥이네요." 늘 이 말이 고맙단다.

맛집의 또 하나의 다른 조건

그런데 '손수'는 맛 집의 또 하나의 다른 조건을 갖추었다. 주인장 내외의 인심이 그것이다. 멀리서 찾아오는 손님이 반갑고 고마워서 카운터 앞엔 밥 지을 때 넣어 먹으라고 소포장 해 놓은 서리태, 군것질하라고 갖다 놓은 강원도 찰옥수수뻥튀기, 맛도 있고 값도 좋은 도토리가루가 있다. 고향가면 이것저것 싸 주시는 부모님표 먹거리 보따리같은 느낌이다. 늘 얼굴 맞대는 마을 공동체 사랑방인 양 자주 들리는 옆집 식구들 식사대접이 더욱더 즐겁고 행복해서 마련된 것. 친정엄마가 사위에게 씨암탉 잡아주듯 편안하고 정성이 담긴 음식은 당연하다.

　세월호 참사를 보면서 고교생 자식을 둔 이재정씨(유일한 종업원이라 자칭한다)는 식당을 등한시 할 정도로 가슴을 후벼 파는 슬픔에 빠졌다. 세월호 아픔이 내 아픔처럼 다가왔고 다시 그런 일이 생기지 않도록 바로잡아야 할 것들이 너무 많았다고 한다. 식당 한편엔 파주추모공원, 세월호 음악회 등 여러 작가들의 세월호 추모 전시를 열어 놓았다.

　큰 것보다 작은 것에 주목하고 나보다 약한 것에 애틋해하며 이웃과 주변에 한번 더 눈길을 주는 '손수'의 마음이 음식을 만들고 있으니, 맛집의 조건 중에 가장 첫 번째 조건을 갖추었다 할 수 있지 않을까.

월롱 1등급 한우
암소식당

주소 파주시 월롱면 위전리 608—1번지
문의 031-945-9237~8(전화주문 시 택배가능, 연중무휴)

1등급 암소와 암퇘지만 사용하는 암소식당

내 생전 고기를 처음으로 맛보았던 기억을 떠올려보니 까마득한 초등학교 1학년 때였듯싶다. 확연히 생각나는 건 쇠난로 화롯불에 석쇠 놓고 구운 고기를 도마 위에 놓고 썰어 굵은 소금 찍어 드셨던 아버님. 그날 난 운 좋게도 한 점 얻어 먹을 수 있었는데 그 지글지글 고기 익어가는 냄새가 구수했고 또 맛있게 드셨던 아버님 모습이 눈에 선하다. 아버님의 "속이 허하다, 기운이 없다"는 말씀에 어머니께서 기운내시라고 몸 보신용으로 사온 쇠고기 반근이었을 것이다.

고기 숙성 노하우와 칼질 솜씨로 맛을 내다.

지금도 내게 고깃집은 여전히 별식이고 보양식이다.

월롱면사무소 건너편 암소식당은 2대째 내려오는 한우전문 고깃집이다. 정육점을 겸하고 있어 바로 잡은 소의 머리, 꼬리, 갈비, 사골, 우족 등 부위 별 맛을 골고루 즐길 수 있다. 고기에는 살치살, 안창살, 토시살, 치마살, 제비추리 등 입에서 살살 녹는 특별구이용도 있다. 그래도 역시 등심은 "부드러운 부분은 부드럽게, 씹히는 맛은 쫄깃하게, 기름이 싫은 사람은 **빡빡하게**"한다는 주인 사장님의 고기 숙성 노하우와 칼질 솜씨로 30년째 단골손님을 꽉 잡고 있는 주메뉴이다.

9대째 살고 있는 이 마을 토박이가 사장

임규내 사장은 원래 월롱면에서 9대째 살고 있는 이 마을 토박이다. 대대로 농사를 지으며 소작도 꽤 많이 하신 나름 여유가 있던 선친께서 그 흔한 정육점이 없어 문산, 금촌으로 고기 끊으러 다니시는 어머니와 이웃 분들이 안타까우셨는지 마을어귀에 크지 않게 쌀집과 정육점을 겸해서 30년 전에 연 것이 지금의 암소식당이다. 그 옛날 아버님이 질 좋은 고기를 구하시느라고 파주, 적성, 연천, 포천 등 이마을 저마을 다니시며 고른 소를 도축장에 보내던 일을 지금도 2대째 임 사장이 여전히 하고 있다.

'첫째는 좋은 소를 직접 고른다.'

'둘째는 고기는 꼭 암소와 암퇘지여야 한다.'

'셋째는 동네친구요, 이웃동생, 어른들을 상대로 하는 장사이니 최소한의 이문만 남긴다.' 이 세 가지가 장사의 철칙이다.

부위별 맛있게 먹는 법 알려줘

잘 나가던 무역회사를 그만두고 연로하신 아버님을 돕자고 귀향했을 때는 정육점만 작게 운영했다. 정육점 일을 배워가면서 부위별로 맛있게 먹는 법을 손님에게 친절히 설명하다 보니 자연스럽게 식당도 함께 하게 되었다. 고기가 좋은 만큼 파주의 좋은 쌀을 쓰는 건 당연하고, 더 신선한 채소는 동네 밭에서 조달한다. 된장, 간장을 직접 담가 깊은 맛을 낸 구수한 된장찌개와 동치미 등 이집 안주인의 야무진 손맛도 하루가 다르게 단골 손님이 늘어가는 비결이다.

오늘도 가게는 북적거린다. 일주일 내내 힘들게 일 잘했다고 한턱 쏘는 사장님, 계모임 하는 주부님들, 손녀 생일이라고 모처럼 할아버지, 할머니 온 가족 모여 등심에 삼겹살에 맛깔스런 밑반찬에 입이 함박꽃처럼 벌어지고, 힘찬 내일을 위해 오늘이 행복한 하루가 되는 파주맛집 '월롱 1등급 한우 암소식당'이다.

은은하고 고소하고
달큰한 파주장단콩 두부전문점
복두부집

주소 · 경기도 파주시 탄현면갈현리 654-12번지
문의 031-945-8258
영업시간 오전 10시 30분~오후 9시 30분(명절전날과 당일만 휴무)

원래 콩하면 파주 장단콩이다. 파주시 장단면, 청정지역인 민통선에서 나오는 콩을 말한다(요즘은 파주전역으로 확대). 일교차가 심하고 임진강변의 물 빠짐이 좋은 모래 섞인 흙에서 재배되어 여느 지역 콩보다 껍질이 얇고 윤택이 나고 생으로 씹어도 콩 비린내가 덜하고 구수하다. 그래서 그런지 파주지역에는 두부집이 많다. 모든 두부집 나름 맛이 훌륭하지만, 10년 동안 한 장소에서 꾸준히 두부를 만들어 온 탄현면의 '복두부집'은 어디 내놓아도 비기지 않는 두부집이다.

좋은 콩을 찾아 파주에 정착하다.

복두부집 사장은 함재상님이다. 가게 이름처럼 복이 넘치듯 인상도 후덕하지만, 남다른 노력으로 명예 퇴직후 제 2의 인생을 성공으로 일군 입지전적 인물이다. 창업 준비를 하면서 우리나라의 콩과 두부가 많은 사람들에게 사랑 받고, 웰빙 식품으로 각광을 받을 것이라는 가능성을 보았다. 그래서 4년여 동안 전국을 돌아다니며 온갖 콩으로 쉴 새 없이 두부를 만들어 보았다. 그 많은 시도 끝에 가장 좋다고 판단을 내린 콩이 장단콩이었다.

그 장단콩 때문에 연고도 없는 파주 탄현면에 둥지를 틀었다. 조상 대대로 내려오는 전통 기법을 오롯이 지키면서 변함없는 두부맛을 내는데 온 힘을 다한다. 그래서인지 손님의 발길이 끊이지 않는다.

복두부집은 매일 새벽 5시면 어김없이 가마솥에 군불을 지피기 시작하고 콩을 갈아 자루에 넣어 손으로 짜서 콩물을 만든다. 가마솥에 콩물을 넣어 천천히 익힌 다음 간수(동해안 심층수를 떠온다)를 넣어 응고 시킨다. 응고된 것을 순물과 함께 떠서 간장양념을 하면 순두부이고 목판에 넣어 굳히면 모두부가 된다.

특히 복두부집의 별미는 무쇠 솥뚜껑에 들기름 듬뿍 둘러 구운 '군두부'인데 남녀노소 가릴 것 없이 모두 좋아하는 대표 메뉴이다. 또 잘 삶아낸 콩을 조금씩 떼어내어 옛날 방법 그대로 볏집에 띄운 순수한 재래식 '토종 청국장'도 빠질 수 없다. 복두부집 청국장은 진짜 속된 말로 "안 먹어봤으면 말을 하지마"라고밖에 표현할 방법이 없다.

그리고 참게, 민물새우를 넣은 진국 육수와 담백한 두부가 잘 어울려 속을 확 풀어주는 '참게두부전골'도 복두부집에서 빠질 수 없는 식단이다.

야들야들 부드러우면서 탄력이 있고, 거칠지 않은 고운 결로 목안으로 스르르 넘어가는 느낌. 이렇게 부드러우면서도 씹으면 은은하게 고소하고 달큼한 맛. 이처럼 있는 듯 없는 듯한 맛, 별 맛 아닌 듯 깊은 맛. 이렇게 제맛 다운 두부를 원한다면 "여기 있어요"라고 말하고 싶은 두부. 바로 '복두부집 두부'이다.

산 아래 보양식집
선운사 풍천장어

주소 경기 파주시 문산읍 내포리 885
문의 031-952-8522
영업시간 오후 1시~9시 30분(연중무휴)

하르르… 하얗게 피었던 벚꽃이, 엊그제 내린 비에 흩날려 꽃잎이 길가에 소복이 눈처럼 내려 앉았다.

이렇게 봄이 왔다가 가면 우리 마음은 들뜨고 몸은 봄을 이기느라 나른해져 깜박깜박 졸기도 한다. 이때 먹어줘야 하는 제철음식 장어. 보양식으로 으뜸으로 치는 장어는 특히 꼬리가 스테미너식이라 하여 먹으면 왠지 힘이 불끈 솟을 것 같다. 그래서 서로 젓가락 신경전을 벌이기도 하고, 가족외식 때 늘 남자가 앞장 서게 되는 '근거 없는(?) 재미'를 주는 음식이기도 하다.

장어집 이름 중 가장 흔한 친근 이름이기도 한 '풍천장어'. '풍천'은 흔히 지역명이라 생각하여 풍천지역이 장어로 유명한 곳인가 하고 생각한다. 사실 이 말은 뱀장어가 바닷물을 따라 강으로 들어올 때면 바람이 육지 쪽으로 불기 때문에 '바람風을 타고 강川 으로 들어오는 장어'라는 뜻에서 '風川장어'이라 하였다. 그리고 그 풍천장어가 들어오는 곳이 바로 '선운사 앞강'이었다.

하지만 요즘 장어는 대부분 양식이다. 그나마 다행인 것은 다른 지역의 장어와 달리 풍천장어는 선운사가 있는 고창군에서 인공사료를 쓰지 않고 바닷물로만 양식한다. 그래서인지 씹히는 맛이 부드럽고 담백하며, 잡내 없이 구수하다. 장어 중 제일은 여전히 풍천장어이다.

파주에도 눈에 잘 띄지 않게 콕 숨은 '선운사 풍천장어집' 한 곳이 있다. 법흥리에서 내포리로 가다 보면 작은 산언덕을 넘게 되는데 넘자마자 오른쪽 아래로 가파른 진입구가 있다. 그곳으로 내려가면 아늑한 숲 속에서 15년째 운영 중인 '선운사 풍천장어집'이 나온다. 워낙 외진 곳이라 아는 사람만 찾아 오는 이 풍천장어집을 운영하는 사장님은 원래 고창 사람이다. 고창과 파주를 왔다 갔다 하며 두 집 살림을 하시다 아들 내외에게 식당을 인계했다. 하지만 지금도 장어조달과 김장을 해마다 3,000포기씩을 담가 고창에서 이곳으로 퍼나르다 보니 매달 반은 고창이요 반은 파주다.

게다가 안주인의 손맛이 좋으신지
밑반찬이 여간 맛있는 게 아니다. 항상
즉석 돌솥밥을 해주시는데, 갓 지은 고
슬고슬하게 맛난 밥에 곁들이는 고들
빼기 김치와 푹 삭힌 재작년 묵은지 깻
잎. 그리고 이 반찬들을 장어와 함께
싸먹으면 맛이 더 깔끔하니 좋다. 또한
돌솥에 뜨거운 물을 부어 만든 누룽지
는 들기름 듬뿍 넣어 볶은 묵은지와 같
이 먹으면 그 옛날 어머니 음식 생각이
나 저절로 행복해진다.

그 동안 많은 곳에서 '풍천장어'란 간판을 봐왔기에 사실 이번에도 대
수롭지 않게 스쳐갔다. 그러나 사장님과의 만남에서 서해 바닷물로 키
운 진짜 풍천장어의 참 의미를 듣고 나오니 '선운사 풍천장어'라 적힌 큰
간판이 달리 보였다. 그리고 내가 사는 파주에 진짜 '풍천장어집'이 있다
는 것이 참 고맙게 느껴졌다.

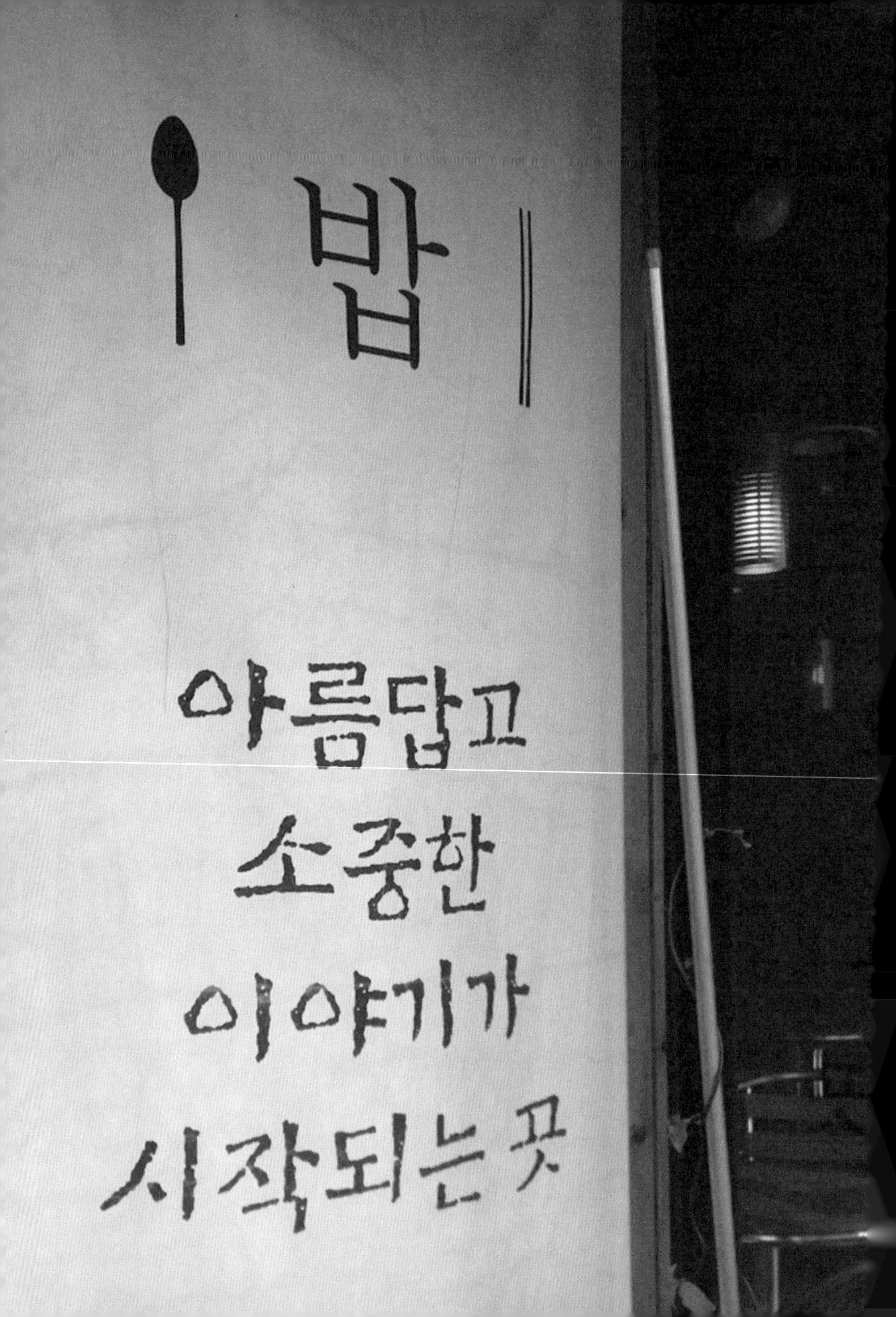

밥

아름답고
소중한
이야기가
시작되는 곳

밥의 최고의 가치는 평등
완이네 작은 밥상

주소 파주시 문발로 220 별관 103호
문의 031-955-6162
영업시간 오전 11시~오후 8시(연중무휴)

전국의 유명하면서 착하고 정직하고 맛있는 집을 찾는 '먹거리 X파일' 이란 TV프로그램을 보면서 꼭 한번 가봐야지하고 벌심이 봤시빈… 깅작 마음먹고 찾아가본 식당은 '완이네 작은 밥상' 한 곳뿐이다. 여기저기 찾아서 먹고 즐길 여유도 없었지만 가까운 출판단지에 있고 또 박종석 사장 생각이 신통방통 기특했기 때문이다. 여태 초심을 잃지 않고 꿋꿋하게 좋은 생각을 펼치는 젊은 부부가 이젠 고맙고도 존경스럽다. 식당 개업 할 때 초대장 인사말은 아직도 생생하다. "밥의 최고의 가치는 평등입니다. 남녀노소 지위고하를 막론하고 인간은 기본적으로 먹어야 하고 먹을 것 앞에서는 그 누구도 다를 수 없습니다." 그래서 좋은 재료로 부담 없이 먹을 수 있는 일명 분식집 메뉴. 라면, 김밥, 떡볶이와 누구든 좋아하는 비빔밥, 만두국, 떡국, 어묵탕 등 메뉴 선택이 완이네의 손님에 대한 첫 번째 배려이다. 작은 밥상의 두 번째 큰 사랑은 우리 미래의 농업과 환경을 생각하는 친환경 유기식재료를 사용한다는 것. 원래 박종식씨는 귀농운동 창립멤버이며 흙 살리기와 우리토종종자 지키기 등 농부들에 대한 고마운 마음을 직접 행동으로 실천하는 '도시농부'로 제철의 싱싱한 재료를 농가로부터 직거래한다.

즉석 도정한 쌀로 밥짓다

세 번째는 좋은 재료를 구하기 위해, 또 훌륭한 농부를 만나기 위해 박사장은 어딘든 안가는 곳이 없다는 부지런함이다. 그 뿐인가! 나락을 사다 직접 도정하여 밥맛이 꿀맛 같고, 참기름 들기름 짜는 기계로 자주 기름을 짜서 항상 신선하고 고소한 기름 냄새에 절로 건강해진다. 아이들 데리고 가면 자연공부도 된다. 식당 인테리어는 모두 먹거리 공부인 셈이다. 벽에 설치한 화분에 파도 곧게 자라고 빨간 당근의 푸른 잎도 싱싱하다. 가게 앞 나무 화분에도 더덕 순이 줄을 타고 오르고, 상추 잎이 제법 먹음직스럽다.

김밥 이름이 "숲의 선물" "떡의 유혹"

"도라지, 고사리, 취나물로 만들어진 자연식 숲을 상상해 보아요. 어떤 향기가 들리시나요? 우리 이제 숲으로." 김밥 이름이 '숲의 선물'이다.

"맑은 햇살과 사계절 자연의 기운을 가득 먹고 자란 산나물이 잠자던 내 몸을 흔들어요" 이것은 산채 비빔밥이다. "눈과 입이 행복해지는 그래서 몸이 더욱 행복한, 다섯 가지 고운 빛깔, 떡의 유혹". 오색 떡국이다. 메뉴 하나하나마다 한꺼번에 다 시켜서 먹어보고 싶은 충동이 든다. 우리 동네에도 건너편 마을에도 이런 식당이 많이 생겼으면 좋겠다. 좋은 재료로 맛있게 잘 먹으면 두 배로 행복해지니까.

18년 된 전통의 맛
옛날 시골 밥상

주소 경기도 파주시 탄현면 성동리 96-8번지
문의 031-945-5957
영업시간 오전 11시~오후 8시 50분(명절 당일 휴무)

서울 합정에서 차를 타고 자유로를 달리노라면 항상 시간이 정지되어 있는 듯한 느낌이다. 연둣빛이든 늦가을 오색단풍이든 내 눈에는 항상 잿빛 수묵화이다. 나만 그럴까 생각했는데 이유가 있다. 행주대교길 다음부터 강변 길가에 처진 철조망과 초소 때문이다. 그 길을 40분쯤 달리다가 오른쪽으로 우회전하면 바로 통일동산-헤이리마을-프로방스 맛 고을이 있다.

18년 된 '옛날 시골 밥상'

이 '파주 맛고을 프로방스길'은 2010년 파주시에서 '음식문화개선 특화거리'로 지정하였다. 여러 다양한 먹거리 집이 길 따라 늘어서 있는데 식사하러 훌쩍 자유로를 달린 사람들의 발길이 잦다. 그 중 제일 끝머리에 시골 할머니댁에 가는 것처럼 좁은 입구를 따라서면 작은 동산아래 이름처럼 푸근한 '옛날 시골 밥상'이 있다.

부모님이 농사 짓은 먹거리

한정식집인데 할머니가 만들어주신 소박하고 정성껏 잘 차려진 집밥처럼 음식 한가지 한가지 모두 다 맛있다. 고추장 발라 잘 구워진 황태구이, 아릿한 도토리 냄새 물씬 나는 쑥갓 넣고 참기름 넣어 무친 고소한 도토리묵무침, 장단콩으로 직접 갈아 부드럽게 잘 눌린 두부 맛이 그냥 먹어도 감칠맛 난다. 늘 따뜻하게 금방 구워낸 굴비와 고추가루 넣은 간장양념에 무친 코다리 튀김이 칼칼하니 별미다.

60

된장찌개도 옛날 할머니 솜씨인데 방금 지어주는 따끈한 돌솥밥에 이 모두 이 지역 토박이인 부모님께서 쌀이며, 콩이며 쌈채소를 직접 농사 지어주시니 거의 자급자족하는 옛날 시골 밥상 맛에 그 누구도 고향의 맛을 느끼지 않을 수 없다.

받은 것을 되돌려 주는 따뜻한 마음

맛도 맛이지만 맛있는 반찬을 더 달라고 하면 항상 웃으며 가져다 주는 언니들의 모습에서 이 집 사장님의 성품을 본다. 이곳에서 18년 동안 부모님께서 시작하신 식당을 이어받은 김은주 사장은 오래도록 장사 잘하고 있는 것이 부모님, 친구, 이웃 그리고 손님 덕분이고 그래서 마을 일이라면 발 벗고 나서는 일등 봉사자이시다. 그 뿐이 아니다. 규모도 적지 않은 큰 음식점인데 누가 사장인지 누가 홀 담당인지 모르게 모두들 늘 겸손하고 친절하다. 궂은 일을 먼저 하는 사장의 품성때문인 듯하다.

음식도 맛있지만 음식 만드는 사람도 훌륭하기에 자유로를 달렸던 무채색 마음이 여러 색으로 물든다. 따뜻한 마음이 담긴 음식을 먹고 느긋해진다. '옛날시골밥상'은 철조망 없어지는 그날을 기다리는 평화의 밥상이 아닐까? 여기 평화의 밥상에서 밥심을 얻고 일어서는데, 내 몸이 통일을 앞당길 것처럼 가뿐하다.

여름철 정성을 담은 보양식
초리골 초계탕

주소 경기도 파주시 법원읍 법원리 391-3
문의 031-958-5250
영업시간 오전 11시~오후 5시(매주 일요일 휴무)

해발 300미터의 야트막한 산들이 둥글둥글 이어지고 철마다 야생화 피고지고, 깊은 계곡이 있어 물소리 새소리 아름다운 곳. '꼭 가봐야 할' 이 곳 파주 법원리 초리골에 금상첨화로 여름철 별미 보양식인 '꼭 먹어봐야 할 음식' 초계탕이 있다.

초계탕은 한자로는 식초 초醋, 겨자 개芥 육수 탕湯을 쓴다. 초계鷄탕이 아닌 초개芥탕으로 원래는 식초와 겨자로 만든 탕이란 뜻이다. 닭고기의 가름을 쫙 빼고 삶아 쫄깃쫄깃하고 살은 결대로 먹기 좋게 찢어 서걱서걱 얼음이 둥둥 뜨는 육수에 오이, 양배추, 고추, 샐러리, 양파, 잣, 묵을 썰어 넣는다. 닭고기며 야채며 그 시원하고 달콤새콤한 국물을 한 입 떠 먹으면 뼛속 깊이 찌르르한 시원한 맛에 잠시 정신이 어지러울 정도이다.

초리골 초계탕, 김성수 주인장은 초등학교 2학년 때부터 이 일을 꿈꿔 왔다고 한다. 광산 김씨 후손으로 집안 대대로 궁에 들어가 음식을 했다는데 아무래도 그 유전인자는 속일 수 없나 보다. "편하게 먹고 살지 왜 사서 고생하냐"는 아버지의 만류를 무릅쓰고 19살에 독립한 곳이 파주이다. 가게 보증금 200만원에 월세 8만 원인 테이블 네 개짜리 식당을 열었다. 아버지는 특별한 사람을 위해 음식을 만들었지만, 자신은 좋은 음식은 특별난 사람만 먹는 것이 아니고 여럿이 다같이 먹을 수 있어야 한다고 생각했다. 식당 테이블이 늘어나면서 근처 땅을 조금씩 사모아 오늘의 번듯한 건물을 갖게 되었다.

음식 잘 만드는 것이 최상의 친절

사실 가끔 불친절해 보일 때도 있다. 하지만 음식 속에 친절과 서비스가 잘 농축되어야 하며 맘에 와 닿는 친절은 돈을 받아서 해결하는 것이 아니라 내가 하는 일에 최선을 다하는 것이 친철이라 생각한단다. 그래서 '있는 그대로' 음식 잘 만드는 것이 최상의 서비스라고 생각하고 종업원들에게 인사 잘 하기보다는 음식이 부족하지않게 리필을 잘 해주도록 늘 당부하신다고 한다. 그래서인지 식당 안 처마에 '無聲呼人'이라 크게 써 있다. '큰소리를 내 부르지 않아도 사람이 모인다'란 뜻이다.

김성수씨는 사장이 아니고 주인이 되기를 원한다. 오늘도 새벽부터 닭 삶고 식당입구 카운터 앞에서 메밀전을 뜨겁게 부친다. 집이 있고 여유가 있다면 음식을 비싸게 팔 이유가 없다는 생각에 30년 전 가격을 그대로 고집하는 주인장 김성수씨. 초리골 초계탕집 김성수님을 '멋진 사람'이라 부르고 싶다.

연탄구이 묵은지 생삼겹살집
강물나라

주소 파주시 탄현면 법흥리 1593-8번지
문의 031-945-1588, 010-2299-5915
영업시간 평일 오후 4시~12시, 주말 정오 12시~오후 12시(연중무휴)

이웃마을에 숨어있는 나만 모르고 있었던 식당을 발견했을 때의 느낌은 기쁨일까, 반가움일까? 통일동산 이주단지에 있는 연탄구이 묵은지 생삼겹살집 '강물나라'이다.

이 집에 들어서면 시어머님이 쓰셨다던 투박한 어처구니까지 달린 맷돌. 끌자국이 예쁜 소나무 함지박, 잘생긴 오석 다듬이 돌, 독, 지게 등 그리고 작년에 잘 익혀 간수해 온 늙은 호박들이 차곡차곡 쌓여져 있어 고향집 대청마루 인양 정겹고 반갑다.

삼겹살은 전북 장수에서 공수해 온 생고기만을 사용하는데 살은 선명한 붉은 색을 띄고 지방은 흰색인데 지방과 살이 적당히 켜켜로 층을 이루고 있다. 2년 잘 삭힌 묵은지를 이 삼겹살과 함께 쇠판에 올려 구워먹으면 엔초비양념에 찍어 먹는 구운 고기 맛이랄까?

해마다 직접 농사지은 배추로 김장을 담그는 데 삭힌 젓갈을 사용하지 않고 생멸치를 듬뿍 다져 넣고 갓도 많이 넣어 고향 완도에서 가져온 양념 넣어 만들면 김치의 군내 없이 시원하고 오래 두어도 시어지지 않는 것이 이 집 묵은지의 비결인 것 같다.

늙은 호박 넣는 된장찌개

뭐니뭐니 해도 이 집 된장찌개는 별미이다. 항상 늙은 호박을 썰어 넣고 고추 파 두부 굵은 멸치를 넣어 집된장과 안동에서 사온 된장을 반반씩 섞어 끓여 내는데 호박의 단맛이 어우러져 짜지 않고 구수한 찌개 맛에 된장찌개만 찾는 손님이 있다고 할 정도로 인기 메뉴이다. 반찬은 늘 제철 상차림인데 봄에는 봄동, 엄나무 순, 산달래 무침, 게장이고 여름엔 상추겉절이, 시원한 동치미, 풋고추, 쑥갓무침 등 텃밭 야채도 풍부하지만 완도에서 올라 온 미역 김 다시마와 온갖 양념이 남도 음식의 맛깔스런 반찬을 만들어 낸다.

김장 담그는 날은 동네잔치

이곳에 식당을 연지는 언 15년. 길에서 보이지도 않는 주택가에 문을 열면서 해마다 가을이면 동네잔치로 배추 된장국 끓이고 수육 잘 삶아 배추 쌈에 먹는 전통이 생겨 천 포기 김치 담그는 일도 무섭지 않다는 김효자 안주인의 넉넉한 마음이 얼굴에 그대로 써 있어 더 아름답게 느껴진다.

농부 우리밀
손칼국수

주소 파주시 탄현면 법흥리 헤이리 예술마을 Gate 5(하늘광장앞)
문의 031-942-6888
영업시간 오전 9시~오후 7시(매주 월요일 휴무)

자가용으로 파주 헤이리 6번 게이트, 버스는 동화경모공원 앞에 하차
하면 넓은 무대가 있는 하늘 광장이 있다. 이곳은 농산물 장터가 열리기
도 하고 한 달에 한번 작가들이 여는 아트마켓이 있어 작가들의 소품과
손작업 공예품, 수제 먹거리를 만날 수 있다. 어떤 행운의 날에는 백창
우 선생님과 굴렁쇠아이들의 공연도 있어 참 아름다운 헤이리마을의 정
치를 듬뿍 만끽할 수 있는 곳이기도 하다. 그 광장 오른쪽에 '농부로부
터'라는 친환경 유기농가게가 있고 바로 옆에 '농부 우리밀 손칼국수'집
이 있는데 헤이리에 오면 꼭 먹어봐야 할 손칼국수 집이다.

우리 밥상의 민족자주 운동

언제부터인지 몇 년씩 둬도 썩지 않는 밀가루를 아무 생각 없이 먹은
지가 오래다. 흔한 구호이지만 '신토불이' 우리밀을 먹는 것은 우리땅과
자연, 농촌과 농사 그리고 소중한 먹거리를 생각하는 생명운동이고, 환
경운동이고, 우리밥상의 민족자주운동이다. 이런 생각에 적극 동참하여
우리밀로만 더 맛있고 건강한 음식을 만들려고 노력하는 '농부 우리밀
손칼국수'의 박해송사장님의 생각이 대견하시고 고맙다.

"국수는 '우리밀 손칼국수' 전문점으로"

이곳의 대표메뉴는 '손칼국수'이다. 손으로 반죽하여 50번 치고, 냉장
고에서 24시간 숙성시킨 쫄깃한 면에 황태, 멸치, 양파, 호박을 넣어 만
든 국수국물에 삶아낸 칼국수는 맛도 그만이지만 먹으면 속이 확 풀리

며 편안하다. 또 '국산 팥칼국수', '국산 들깨 칼국수', '장떡', '야채부침개'도 있는데 조림, 장아찌, 겉절이 등의 풍성한 맛깔스런 밑반찬에 부부의 후덕한 인심이 보인다.

살얼음 동동 여름별미 '냉콩국수'

요즘은 계절별미 건강식으로 여름 보약 따로 필요 없는 '냉콩국수'가 든든하고 시원하다. '냉콩국수'는 우리콩을 비린내만 가시도록 슬쩍 삶아 껍질을 벗긴다. 얼음과 삶은 콩을 함께 넣어 갈아 살얼음 동동 떠 시원하고 면은 금방 삶아 내어 여러 번 씻어 콩물에 말으면 다 먹을 때까지 면발은 쫄깃하고, 국물은 고소하다.

그 옛날 할머니가 만들어주셨던 별식, 평상 위에 앉아 김치 얹어 먹었던 칼국수 맛, 콩국수 맛, 딱 그 맛이다.

메밀음식전문점

오두산 鳥頭山

since 1993

...산은 1993년
...첫발을 내딛었습니다.

...을 부리지 않고

...으로 걸어왔습니다.

...할 어우러질 수 있도록

...는 정성을 사용해

...느낄 수 있는 음식이

...라 할 수 있습니다.

쟁반 막국수 大 25000
小 18000

신선한 각종 야채에
새콤달콤한 소스가 잘 어울어진 웰빙메뉴.

메밀묵 7000

100% 순메밀 앙금을 사용해 전통방식으로
오두산에서 직접 정성스레 쑨 구수한 묵을
잘 익은 김치와 고소한 김과 함께 먹는 슬로우푸드...

메밀 생 소바 8000
곱배기 9000

오두산에서 직접 끓이는 가쓰오부시 소스에
즉석에서 뽑아낸 생면과 메밀두부튀김을 찍어먹는 매뉴.

편...

엄선한
영양고추와 각종 신선한
오두산에서 직접 담은 시원하고 알큰한 백...

국수 7000
곱배기 8000

...고아내 만든 육수의
오두산의 대표 메뉴.

온 메밀국수 8,000

표고버섯과 야채를 진하게 우려낸 육수에
메밀만두와 신선한 어묵을 더해
뚝배기에 끓여낸 따뜻한 메밀국수.

메밀만두 7000
김치/고기/섞어

메밀을 넣은 만든 만두피에
신선한 야채와 고기, 직접 담은 김치 소를 넣어
재료준비부터 빚는 과정까지 오두산에서 직접 만...

메밀 떡 만두국 7000

황태와 표고버섯으로 맛을 낸 육수에
메밀김치만두와 메밀고기만두,
쫄깃한 메밀가래떡을 넣어 끓인 담백한 맛이 일품인 매뉴.

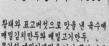

...니다.

오두산 메밀탁주
한병 (1.2L) 5000

오두산이 개발한 메밀을 넣고 정성껏 빚어...

녹두전 □000
전통녹두전/고기녹두전

매일 100% 녹두를 직접 갈아
신선한 야채과 고기를 넣고 고소한 돼지기름으로
즉석에서 부쳐내는 옛날방식 녹두전 입니다.

수 7000
기 8000

...양고추가루에
...한 재료를 더한
...인 메뉴입니다.

메밀전 □000

메밀반죽에 볶은이 효비...

메밀음식 전문점
오두산 막국수

본점 파주시 야동동 369-5번지 **문의** 031-944-7022
통일동산점 파주시 탄현면 성동리 674 통일프라자 101호 **문의** 031-941-5237
영업시간 오전 11시~오후 9시(연중무휴)

"산허리는 온통 메밀밭이어서 피기 시작한 꽃이 소금을 뿌린 듯이 흐
뭇한 달빛에 숨이 막힐 지경이다." 메밀을 생각하면 이효석의 '메밀꽃
필 무렵'에 나오는 이 구절이 자연스레 습관처럼 스쳐간다. 가슴 저리도
록 아름다운 봉평의 달밤 풍경이 떠올라 메밀음식이 애틋해진다면 지나
친 감상일까?

그 예부터 메밀은 구황작물로 배고픔을 잊게 해준 착한 서민음식이
다. 아련한 메밀향에 구수한 감칠맛이 요즘 같은 복더위에 땀을 저절로
쏘옥 들어가게 하는 제철음식이다. 혈관강화와 피부미용에 좋은 건강음
식이기도 하다.

메밀음식전문점 〈오두산 막국수〉는 내가 자주 찾는 곳이다. 사시사
철 손님이 많고 주말엔 아예 대기표를 받아 기다려야 한다.

육수의 비밀

젊은 사장님께 육수의 비밀을 넌지시 물어봤다. 그 이야기를 듣고 역
시 멀리서 찾아오는 손님들이 정확하다는 생각이 들었다. 서울토박이
이승하 사장님의 외갓집은 대대로 남대문시장에서 설렁탕을 하시고, 그
손맛을 이어 받은 어머님의 육수비결은 남다를 수밖에 없었다. 소 한 마
리에서 소머리, 꼬리, 우족을 뺀 나머지 잡뼈를 오랫동안 고아 그냥 그
대로 식혀 육수로 사용하다보니 기름기 없이 담백하고 맑고 시원한 육
수가 된다. 바쁘다고 진한 육수를 만들어 물로 희석하여 육수 만드는 법

은 절대로 없다.

아련한 메밀향

또 메밀향도 남다르다. 오래전부터 통메밀을 그대로 제분하는데, 고속으로 빻으면 영양과 향이 날아 갈까봐 멧돌분쇄식(저속)으로 가루를 만들고, 반죽하는 물은 참숯을 하루 정도 넣어 정수한 물로 반죽하여 생면을 만든다. 조리직전까지 메밀의 향을 그대로 담으려고 남다른 노력을 하신다. 향이 짙은 메밀면과 맑은 육수에 과하지 않은 양념으로 잠자던 미각을 살짝 깨우는 무자극 물메밀국수 맛에 몸도 마음도 행복해진다.

역시 20년이 넘도록 고객의 입맛을 사로잡는 건 '오두산'의 자부심과 누구든 비싸지 않은 가격에 훌륭한 별미를 맛볼 수 있게 해야 된다는 2대에 걸친 철학 때문인 것 같다.

메밀묵과 메밀전은 100% 우리 메밀이다. 녹두전은 우리 녹두만을 사용하며, 돼지 등쪽 기름으로 지지기 때문에 부드럽고 고소하다. 따끈한 메밀떡만두국도 있다. 황태와 표고버섯으로 맛을 낸 육수에 메밀 김치만두와 메밀 고기만두, 쫄깃한 메밀 가래떡을 넣고 끓여 담백한 맛이 일품이다. 뿐만 아니라 메밀의 모든 게 다 있다. 메밀차, 메밀 껍질 베개, 메밀 비누, 메밀 막걸리 등 모든 게 훌륭하다.

허영만 선생님의 식객 12권과 19권의 주인공 이승하 사장님의 이야기를 꼭 읽어보시라! 이곳에서 못다 한 메밀 이야기를 더욱 실감나게 만나볼 수 있을 것이다.

동네부엌

천천히

협동조합 식당
동네부엌 천천히

주소 경기도 파주시 문발로 142, 302호
문의 010-4754-8321
영업시간 오전 11시 30분~오후 2시(토 · 일 · 공휴일 휴무)

오늘은 태생부터가 다른 식당이 아닌 식당 '동네부엌 천천히'를 찾았다.

간절히 원하면 뭐든지 이루어진다는 말처럼 배우미(학생)들에게 건강한 밥을 먹이고 싶다는 한 스승님의 따뜻한 마음으로 만들어졌다. 그곳은 날개 안상수 선생님이 만드신 타이포그라피학교 '파티(PATI)'가 있는 파주출판단지에 있다.

'동네부엌 천천히'는 협동조합으로 여러 출판인들과 파티학교의 학부모들이 뜻을 모아 만들었는데 조합원 외에도 집 밥이 그리운 많은 사람들이 매일 점심시간이면 긴 줄을 잇는다. 오늘은 무엇을 먹을까? 기대하는 마음으로 입구를 들어서게 된다. 평화로운 밥상을 기다리는 손님들 얼굴에는 늘 함박미소가 피어난다.

첫번째 자랑거리, 남원보살님의 손맛

여기서 쓰이는 모든 식재료는 농부님들께서 직접 보내주시는 신선한 제철 채소들이다. 홍성 협업농장에서 온 쌈채소, 지리산에서 오는 나물들, 파주 적성면 친환경 쌀연구회에서 그때 그때 도정하여 보내준 쌀을 사용한다. 주방을 맡아주시는 남원보살님은 "재료가 좋으니까 다 맛있지요"라고 말씀하시지만 절대 그것만이 아님을 알 수 있다. 풀 한포기라도 천지의 은혜가 있고 한톨의 곡식에도 만인의 노고를 잊지 않는 남원보살님의 마음가짐이 요리에 그대로 녹아있어 그 맛과 정성, 그리고 수고에 감동받는다.

두번째 자랑거리, 함께하는 설거지

또 '천천히'의 특별한 자랑거리가 있다. 이곳에 온 모든 손님들은 자기 그릇에 먹을 만큼 담아 먹은 후 설거지도 스스로 한다. 식당 한 켠에 누구든 유쾌하게 씻을 수 있도록 싱크대를 잘 만들어 두었다. 그러니 버려지는 음식이 줄어 좋은 점도 한몫 한다.

현재 '천천히'는 조합원은 6천원, 비조합원은 8천원에 낮밥을 내고 있다. 출자금 10만원을 내면 조합원에 가입할 수 있다.

메뉴가 궁금하면 페이스북 '동네부엌 천천히'페이지를 열어보면 보살님이 직접 만드신 오늘 먹을 음식 사진이 매일매일 올라오는데 보기만 해도 침이 꼴깍 넘어간다.

출판단지에 꼭 가보시라. 여름에 후식으로 얼음 띄운 매실효소가 기다리고, 가을에는 또 어떤 마실거리가 준비되어 있을지 궁금해진다.

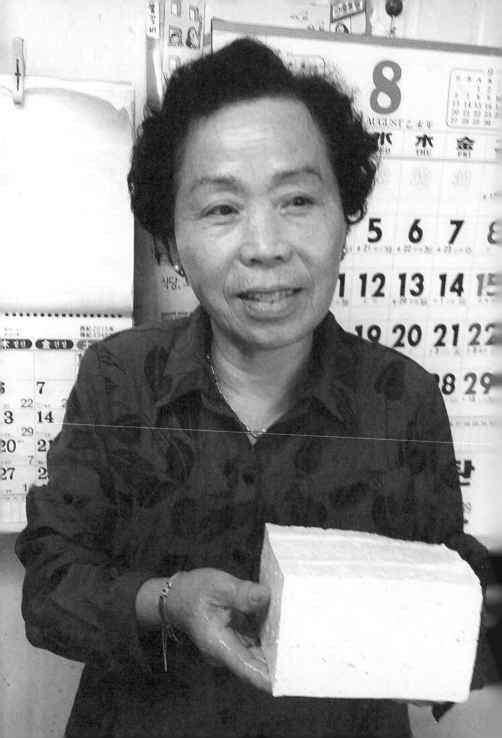

꼭꼭 숨어라
가월리손두부

주소 경기도 파주시 적성면 가월리 154-2
문의 031-959-3974, 010-2621-3974
영업시간 오전 10시 30분~오후 7시
(매월 첫째 셋째 월요일은 쉽니다. 공휴일 제외)

그동안 맛집 탐방을 하면서 나름 맘속에 정해둔 선정조건이 까다롭다 보니 주변 분들께 일단 추천을 부탁드려본다. 그 중 특이한 추천이 있었다. 사람들에게 많이 알려지는 게 싫다고. 그냥 그대로 지금처럼 많이 안 알려져, 아는 사람들끼리만 호젓이 즐기길 바라면서도 알려준 곳이다.

자유로 끝에서 오른 쪽 당동 IC로 빠져 문산 적성 방면으로 20km쯤 가다 보면 왼쪽에 군부대, 오른쪽에 '가월리 손두부집"이 있다. 이 집은 두부요리전문점이다. 박춘자여사께서 21년째 가마솥 걸고 지금 이곳에서 순두부, 두부전골, 콩국수를 만드신다.

21년 째 고수한 춘자여사의 비법

이 집 두부는 2가지 특징이 있다. 손두부와 두부전골을 내는 모두부의 탄내 나는 누룽지 맛과, 순두부와 콩탕의 살살 녹는 부드러운 맛이다.

두부전골은 애호박, 대파, 팽이버섯, 새송이버섯과 소래포구에서 담가오는 새우젓 넣고 고춧가루를 살짝 뿌려 팔팔 끓이면, 부들부들한 두부와 짭조름한 국물이 가장 순수한 두부전골 맛이다. 먹다보면 두부에서 살짝 탄내가 거슬리기도 하는데 손님들 중 열에 두 명쯤은 싫다고 한단다. 탄내가 궁금해 여쭤봤더니 이 집은 콩을 되게 갈아 끓이다보니 솥에 누룽지 생기듯 눌어서 나는 냄새란다. 콩 아끼지않고 단단한 모두부를 만들다 보니 실속 없지만 그게 21년 째 고수한 춘자여사의 비법이라 하신다.

다른 메뉴보다도 기본으로 나오는 콩탕이 더 맛있다. 삶은 배추와 양파 송송 썰고 콩을 곱게 갈아 끓여, 부드럽기가 소프트 아이스크림 같다. 양념장 살짝 끼얹어 먹으면 밥이고 전골이고 이곳에만 손이 간다.

기특한 막내아들

이 집은 매일 6시면 문을 닫는다. 멀리서 나들이 겸 두부를 드시러 오는 분들이 대부분이어서 21년 전 2,500원 짜리 두부요리들이 지금껏 6,000원이다. 또 여기까지 오면 입과 배만 푸짐해지는게 아니다. 맨 손으로 나올 수 없는 이유가 있다. 차가운 지하수에 담아둔 모두부를 8,000원에 파는데 춘자여사의 얼굴만큼 크고 야무지다. 콩물도 1.5L에 6,000원, 진한 국물에 국수 말아도 좋지만 아이들 간식 두유로도 최고다.

석성수(45)씨가 막내 아들인데 고 2때 아버님이 실명하셔서, 아예 부모님 곁에서 농사짓겠다고 결심하고 여태 부인과 밭일하며 두부를 만들고 있다. 이런 청년들이 있어 농촌이 더 든든하고 풍요롭다.

오리요리 전문점
은빛마을

주소 경기도 파주시 파주읍 성현리 30
문의 031-952-1344, 010-9653-1344
영업시간 하루전 예약 필수

야채가 싱겁다고 느껴질 때가 있다. 그건 곧 봄이 오리라는, 아마도 땅속에서 삐죽삐죽 터져 나오고 싶은 여리면서도 강한 새순의 향이 그리워지기 때문일 것이다.

이 가을에 웬 봄 타령인가만, 입맛 없을 때 지인이 나물 때문에 가끔 멀어도 찾아간다는 식당이 있어 하루 전에 예약을 하고 은빛마을 오리집을 찾았다.

이 식당에 꼭 예약을 하고 가야 하는 이유는 사장님이 부식물인 야채와 나물을 직접 기르거나 채취하러 이곳저곳 산과 들을 다니기 때문에 온전히 식당에 앉아 손님을 기다릴 처지가 아니기 때문이다. 마침 나물재료가 동이 나기라도 하면 손님을 못 받기에 확인하고 오시라는 뜻이다.

은빛마을 오리집은 재크와 콩나

무집처럼 수령이 20년 쯤 되었다는 머루나무가 마당에서부터 일층을 지나 이층까지 자라고 있다. 산에서나 볼법한 고목 머루나무에 새까맣게 익은 머루가 옹기종기 달려있다. 마당을 둘러싸고 있는 나무들은 동구 밖 과수원집처럼 가지가지다. 살구, 매실, 대추, 엄나무, 사과, 헛개나무, 모과나무 등 그 옛날 과수원을 하셨다는 바깥양반의 솜씨가 예사롭지 않다. 두 부부께서 식물에 대한 사랑과 조예가 깊음을 알 수 있다.

산나물은 보약 중에 보약

이 집의 메인 메뉴는 오리구이이다. 경사진 무쇠 팬에 오리를 바싹 구워 거의 한 대접쯤 기름을 빼고 나면 오리살과 껍질 맛이 고소하고 담백하다. 같이 밥상에 나오는 제철 나물과 겉절이에 오리를 싸서 먹거나, 온갖 나물로 만든 새큼달큼한 장아찌와 어울려 환상의 궁합을 만든다. 게다가 여러 가지 나물들이 큰 접시에 하나 가득 나오는데, 이게 이 집의 주연보다 빛나는 조연의 나물밥상이다. 오리고기를 먹고 난 후 이 나물에 밥과 참기름을 듬뿍 뿌려서 비빔밥으로 먹으면 뒷맛이 깔끔해진다.

금촌역 앞
아시안 레스토랑

주소 경기도 파주시 아동동 351-13번지
문의 031-8071-2451
영업시간 예약 필수

방글라데시인 아부무사

방글라데시인이 운영하는 식당엘 다녀왔는데 먹을 만 했노라고, 가보면 좋아할 거라는 말을 듣고 한 달에 네 번 방문한 후 이 글을 쓴다.

첫 번째 방문은 소개를 받자마자 찾아갔었다. 금촌역 버스정류장 바로 옆에 있는 아시안 레스토랑은 오다가다 자주 지나다니던 곳이었다. 아주 작은 간판에 한명씩 겨우 내려갈 수 있는 지하식당이어서 눈에 잘 띄지 않았던 것이다. 외국인이 직접 운영하는 식당이 있으리라고는 전혀 생각지 못했었다.

이른 초저녁이었는데도 두 명, 세 명씩 끼리끼리 테이블에 외국인 손님들이 있었다. 아마도 고향음식이 그리워 모인 걸까? 아니면 자기나라 말을 할 수 있는 친구가 그리워 이렇게 모인 걸까?

이 집 주인장 아부 무사(Abu. musa)는 한국에 온지 8년 째 되었다. 식당을 개업한지는 7년 째. 5년 전에 아내를 한국으로 데려왔고, 두 아들은 넉 달 전에 데려와 비로소 온 가족이 모이게 되었단다. 아무리 좋은들 내 부모 내 고향 내 나라만 할까하는 측은지심이 들었다. 언뜻 "발효"라는 우리네 좋은 말이 떠오른다. 굴러온 돌, 넓고 깊은 땅이 잘 품어 좋은 흙으로 만들면 그게 바로 사람답게 사이좋게 잘 사는 곳이지, 무어 얼굴 색깔을 따질 것인가.

비르야니와 짜르

이곳에는 방글라데시인, 파키스타인, 네팔 사람이 주로 많이 온다고 한다. 음식은 커리와 향신료를 많이 넣어 인도음식과 큰 차이를 모르겠다.

네 번을 다니며 우리네 입맛에 맞는 메뉴를 골라보았다. 첫째는 커리인데, 종류는 치킨, 양고기, 소고기 세 가지이다. 다 매콤하니 맛이 있다. 어떤 닭을 어떤 양고기를 사용했는지는 방글라데시에 가서 먹을 걸여기서 편히 먹는다는 셈 치고 따지지 않기로 했다. 화덕에 갓 구운 따끈따끈한 난과 같이 먹으니 좋다.

베트남식당
괴흐엉관

주소 파주시 금촌동 금정 24길 16-9
문의 010- 6236-0985
영업시간 오후 1시~9시(연중무휴)

파주 금촌역에서 내리면 오른쪽 건너편 쪽으로 금촌 전통시장이 있다. 장 구경하러 가끔 둘러보는데 동남아지역의 식자재가게가 크게 있어 꽤 수요가 있나보다 라고 생각했다. 어느 날 바로 그 뒷골목에 문을 연지 2년이 넘었다는 '괴흐엉관(내 고향)'이라는 베트남 음식점을 알게 되어 저녁 약속이 생기면 종종 이곳에서 식사를 한다.

시큼 매콤 얼큰한 맛의 조화

첫날에는 쌀국수와 월남쌈을 시켜먹었고 그 다음에는 샤브샤브, 비빔국수, 만두 등 골고루 먹어봤는데 두루 맛있었다. 베트남 음식은 풍부한 해산물과 허브와 다양한 소스 맛에 맵고 짜고 신맛의 오묘한 조화가 입맛을 확 돌게 해주어 가끔 그 맛이 그리울 때가 많았다. 그런데 이렇게 가까이에 딸 둘을 데리고 사는 탐티암과 그의 어머니 짜우김쉐 모녀 사장님들이 계셨던 것이다. 베트남 고향 음식 맛을 그대로 잘 살려 담백하면서도 시큼하고 매콤하고 얼큰한 맛이 마냥 좋다. 내년 설날에는 베트남의 설음식 '반뗏'도 얻어먹을 수 있어 귀중한 친구를 옆집에 둔 것처럼 이내 행복해진다.

베트남을 다녀보면 음식도 맛있고, 손재주 많은 베트남인 사람들의 정교하고도 세련된 색감의 공예품을 보고 감탄하고 즐거워했었다. 그러던 몇 해 전 베트남 전쟁의 아픔을 나누고 사과하고 평화의 관계를 만든다는 베트남 사회적 기업 '아맙'의 구수정 박사의 안내로 평화여행을 다녀왔다. 역사의 한 페이지라는 이름으로 알고도 그냥 스쳐지나가 버리기에는 너무나도 큰 빚을 지었었기에 속죄하는 마음으로 별을 단 베트남 국기 모자를 2년 동안 쓰고 다녔었다. 아직도 그 맘은 여전히 유효하다.

자기의 잘못을 아는 사람들을 용서해

올해는 베트남 종전 40주년이다. 또 한국전투군 파병 50년이 되는 해란다. 베트남 사람들이 흔히 하는 말 중 "자기의 잘못을 아는 사람들을 용서해주어라"라는 말이 있다. 『그대 아직 살아있다면』의 저자이신 베트남 시인 반레는 온화한 눈빛가 미소와 다정다감한 목소리로

"베트남의 한국에 대한 아픈 역사의 기억은 당신들의 꾸준한 노력으로 그 상처가 치유될 것이라고"

말씀하셨다.

나 아직도 그 말을 실천하고 있는 중일까……

평화가 깃든 밥상의
부엌 공간 'ㅅ'

주소 서울시 서대문구 연희동 130-11 2층
문의 02-325-9956, 010-2581-9956
영업시간 매주 금요일 점심 12시~2시(10시까지 예약가능), 저녁 6시~8시9(4시까지 예약가능)
금요일을 제외한 평일과 주말에는 쿠킹클래스와 음식관련 프로그램을 진행

사람과 사람 사이 시옷

오늘은 어머니 품 같은 따사로운 쉴 곳, 먹을 곳, 배울 곳인 부엌 공간 'ㅅ'을 찾아 서울로, 파주를 벗어나는 첫 외도를 시도했다. 연희동 '사러가 쇼핑' 뒷골목, 이화어린이집 바로 맞은편 건물 2층이 바로 "부엌 공간 ㅅ(시옷), 평화가 깃든 밥상"이다.

『평화가 깃든 밥상』의 저자이고, 자연요리 연구가이신 문성희선생님이 그의 딸, 김솔과 함께 밥집을 열었는데 그 변이 참으로 가슴을 뒤흔든다.

제 아이에게는 첫 출발점이고 저는 결승점에서 '낯선 이의 밥상 시중을 드는 것'이 굉장히 의미 있는 일인 것 같습니다. '삼년동안 온 마음과 생각과 힘을 다하여 밥을 짓고, 내게 온 사람들께 따뜻한 밥상을 한결같이 차릴 수만 있다면 앞으로의 너의 인생은 많은 경험들로 잘 채워질 거다.' 라고 아이에게 말합니다. 저 역시 한 것보다 받은 게 훨씬 많은 지난 시간들을 잘 매김하고 갈 수 있으리라는, 감사하는 마음으로 밥상을 차리지요.

월요일 점심은 생일밥상

월요일부터 금요일까지는 점심을 내는데 '한 그릇 밥'과 김밥, 떡볶이가 있으며, 저녁은 예약제로 특별한 모임을 가지면 좋고, 공간 대여도 해주신단다. 그리고 주말엔 요리교실이 있다.

지난 월요일 'ㅅ'의 한 그릇 밥을 먹었는데 정성과 사랑으로 만들어진 생일밥상을 받고는 목이 메였었다. 현미찹쌀과 백미찹쌀에 갓 깐 은행, 밤, 팥을 넣어 영양찰밥을 만들고, 기장 미역에 집간장과 생들기름 넣고 달달 볶아 약초맛물 넣고 끓인 뽀얀 버섯미역국. 반찬으로는 고추장 넣은 무조림, 다시마 넣고 조린 서리태 자반, 연근과 배춧잎전과 장김치였다.

요즘 이래저래 생일상 못 차려먹는 서러운 사람들은 매주 월요일 날 시옷에 와서 따끈한 생일 밥 챙겨먹길 바라는 애틋한 마음에서 차려진 밥상이다. 화요일은 무구기자밥, 수요일은 미역버섯밥, 목요일은 강된장밥, 금요일은 곤드레밥이다. 요일마다 국도 반찬도 바뀐다.

여기에 김밥을 한 줄만 추가해서 먹으면 더 행복하다. 사장님인 김솔이 그 옛날 엄마 아빠가 만들어주셨던 엄마표 아빠표 김밥을 만드는데 매콤하고 톡 쏘는 그 맛이 어디에서도 먹어보지 못한 입에 착 붙는 꿀맛이다.

수많은 맛있는 식당이 즐비하다. 그러나 가공하지 않은 자연 그대로의 맛으로 몸과 마음과 영혼의 평화를 위한 음식을 만드는 곳은 흔하지 않다. 오셔서 한 그릇 집 밥이 무엇인지 몸으로 확인하기 바란다.

후기▶ 평화가 깃든 밥상의 '부엌공간 시옷'에서의 식당활동은 2017년 12월 이후 마감됩니다. 2018년부터 '부엌공간 시옷'은 자연밥상 쿠킹클래스와 평화밥상 지도자 마스터 수업위주로 진행되며 지속 가능한 삶을 위한 생활기술활동 등 다채로운 음식문화복합공간으로 바뀌게 됩니다.

예술로 생기를 되찾은
장단왕순대국집

주소 경기도 파주시 교하로 1343
문의 031-943-8397
영업시간 자유롭게 예약 가능(연중무휴)

세밑 아름다운 사연이 있는 '빛 바랜 추억의 식당을 예술로 생기를 불어넣어 드립니다'의 주인공 식당인 장단왕순대국을 소개합니다.

지난 여름 순대국이 맛있다는 지인의 말을 듣고 구교하 200번 버스 종점 앞 식당을 찾았었습니다. 세월의 무게가 덕지덕지 붙어 더 이상 영업을 할 것 같지 않아 보이는 곳이었는데 칠십이 넘으신 노춘자 할머니가 무쇠솥 걸고 장작불로 10시간 넘게 고은 돼지사골뼈 순대 국물은 진하면서 맑고 구수했습니다.

할머님 식당들이 마을마다 꿋꿋하게 계셔주시길

간판도 새로 만들고 조금만 손을 대면 단골이 지금보다 더 많이 생길

꺼라는 자신감으로 같이 간 작가분들과 의기투합했고 식당은 예술가들의 따뜻한 마음 덕분에 조금씩 변해가기 시작했습니다. 20년 동안 망가져 쓰지 않았던 큰 어항에는 하늘과 땅과 산의 모습의 설치 예술이 들어왔고, 새로 페인트 칠한 벽에는 화사한 그림이 걸렸습니다. 낡았다고 버리지 않고 새로 산 거 하나 없어도 공간에 생기가 돌았습니다.

장단왕순대국집은 주 메뉴인 순대국보다 반찬과 별식이 더 화려합니다. 매주 토요일마다 농사지은 콩으로 두부를 만들어 양념장 얹어 나오고, 뒷산에서 주은 도토리로 쑨 묵은 적당히 떫고 찰집니다. 돼지감자 조림도 사강사강 씹히는 맛이 좋습니다.

유행 따라 금방 생겼다 사라지는 패스트푸드 음식이 아니라 오랜 세월 맛과 정성으로 건강하고 진심 어린 밥상을 차리시는 할머님 식당들이 마을마다 꿋꿋하게 계셔주시길 바래봅니다.

수수 장떡 만드는 법

지난 여름 귀한 음식을 맛보았던 건 장떡이었는데 여느 곳에서도 먹어보지 못했던 별미라 할머님 허락 받고 레시피를 공개합니다.

장 담근 지 50일쯤 되어 장을 가를 때, 노란 간장이 우러나온 메주를 여러덩이 건져 채반에 놓고 간장을 쭉 뺍니다. 찰수수를 곱게 빻아 가루로 만들고 부추와 마늘잎을 쫑쫑 썰어두고 작년 가을의 끝물 고춧가루와 참깨와 메주, 수수가루, 부추를 모두 함께 넣어 팍팍 치대어 도너츠 모양의 구멍 떡을 만들어 찜통에서 찝니다. 찐 장떡을 이삼일 바람에 꾸

덕꾸덕 말립니다.

후라이팬에 기름 넉넉하게 두르고 튀기 듯 지져내어 맨밥에, 또는 물에 밥 말아 조금씩 떼어 반찬으로 먹으면 짭짤하고 맵싸하고 구수한 맛이 별미입니다.

시골외할머니처럼 다 해줍니다.

장단순대국집은 주문하면 뒷마당에서 기르는 토종닭으로 백숙도 닭볶음탕도 만들어주시고 된장찌개는 두부 듬뿍 넣어 보글보글, 김치찌개는 돼지고기 넣어 얼큰하게 끓여주십니다. 마치 해달라면 다 해주시는 시골 외할머니처럼.

얼마 전 식당에 갔더니 노란 콩 메주도 또 쥐눈이콩으로 만든 검정 덩어리 메주도 보이더군요. 이 메주로 무엇을 하실 지 할머님의 지혜가 자못 궁금합니다.

응답하라 1988의
추억의 크레타

주소 경기도 파주시 탄현면 법흥리 1652-542
문의 031-948-6001
영업시간 오전 11시 30분~오후 7시 50분(매주 월요일 휴무)

요즘 TV 프로그램 중에 남녀노소 연령 불문하고 열광하는 '응답하라 1988'라는 드라마가 있다. 따뜻한 가족애에 저절로 미소가 피어나고, 추억의 앨범을 뒤적이는 듯 한 장면 장면마다 향수에 젖어 입맛 마저도 그 시절 그 맛이 그리운가 보다.

'응팔' 경양식 집의 돈가스가 당겨서 등잔불이 어둡다는 말을 실감하며 헤이리 8번 게이트에 위치한 경양식집 '크레타'를 찾았다.

크레타의 첫 시작은 2003년 가을 파주 맥금동. 허허벌판이던 시절 사방에 논으로 둘러싸여 있어 벼가 바람에 일렁이면 푸른 바다 같았을 터이고 하얗게 칠한 작은 식당 크레타는 그야말로 지중해에 떠있는 섬 같았을 거라고 미루어 짐작된다.

그 당시 주변엔 어렵게 지내는 젊은 예술가들이 많이 살았었는데 밥한 끼라도 같이 나누어먹을 수 있는 공간이라도 있었으면 좋겠다는 작가이신 바깥양반과 사모님의 소박한 소망이 17년이 지난 지금에도 이어지고 있다.

전통을 고수한 경양식집

크레타에 들어서면 푹신한 소파에 낮은 테이블, 벽면에 걸려있는 서양화와 조각 작품들, 반짝반짝 빛나는 잘 자란 화초들과 따뜻하게 맞아주는 오래 근무한 종업원 언니 오빠가 손님들을 반긴다. 배고파서라기보다 이곳의 분위기가 좋아 먼 거리를 마다않고 온다.

우리나라 최초의 경양식집은 1925년에 생긴 서울역 '그릴'이라고 하는데 요즘에는 이런 정통 경양식집을 보기가 어렵다. 돈가스 집은 많으나 일본식 스타일 돈가스가 대부분이다. 크레타에 가면 그 옛날 경양식 돈가스를 만나볼 수 있다.

음식은 정갈하고 맛있다. 제일 먼저 와인 또는 오렌지쥬스를 준다. 따뜻한 크림수프가 부드럽고 고소하다. 그 옛날엔 "빵으로 드릴까요? 밥으로 드릴까요?" 물었었지만, 크레타는 밥도 주고, 빵에 딸기잼과 버터도 준다. 야채샐러드도 싱싱한 양상추를 주는데 다시 밭으로 걸어갈 기세로 싱싱하다. 손바닥만 한 돈가스가 두 쪽이 나오는데 그 위에 얹은 소스가 독특하다. 양파, 양송이, 빨간 피망, 렌틸콩을 넣고 끓인 소스를 듬뿍 부어주는데 야채가 많아 느끼하지 않고 돈가스와 같이 씹히는 맛이 좋다. 또 오이피클과 김치까지 나오니 뒷맛까지 개운하다. 후식으로 커피 또는 사이다, 차와 함께 파인애플, 복숭아 등의 통조림 과일이 나온다. 그것도 오랜만에 먹으니 새콤달콤하니 마무리가 된다.

두 부부가 함께 있으면 꼭 다정한 남매처럼 보인다. 오른손이 하는 일을 왼손이 모르게 지역에 계신 어려운 분들을 앞장 서 돕는다는 이야기가 있으나, 극구 사양하셔서 밝힐 수는 없지만 두 부부의 부처님 같은 마음을 엿보는 것 같아 늘 이곳에 오면 마음이 훈훈해진다.

젊은이들의 멋있는 맛
몰토베네

주소 경기도 파주시 금촌동 중앙로 322-1번지 2층
문의 070 7755 3605
영업시간 3월부터 매주 월요일 휴무

몇 년 사이 먹는 방송, 먹방으로 TV화면을 그득 채우더니만 요즘은 셰프테이너란 말이 자연스럽게 입에 붙는다. 유명 연예인들이나 잘 나가는 운동 선수 못지 않게 지상파, 케이블 모든 채널에서 다양한 요리와 예능까지 선보이다 보니 셰프가 젊은이들에게 또 다른 선망의 직업으로 등장했다. 여기 TV의 인기 셰프 못지 않게 파주 시민의 사랑 받는 세 젊은이를 소개한다. 파주 금촌역 앞에 위치한 이태리안 레스토랑 몰토 베네(MOLTO BENE)라는 식당이 있다. 강남 가로수길이나 이태원에서 승부를 걸어볼 만한 여건을 다 갖추었지만 고향을 지키고 지역을 살리고 더디더라도 천천히 제대로 해보자 라는 두 부부와 사촌 동생의 옹골찬 야심이 더해졌다. 내 친구와 이웃들에게 소박한 시골 맛이 느껴지는 이태리 홈 메이드 음식을 대접하겠다는 예쁜 마음이 기특하다.

남편은 셰프, 아내는 파티시에

주방장 이수복(34세), 권은경(34세), 김경민(27세). 수복씨와 은경씨는 결혼 5년차 부부이며 경민씨는 사촌 동생이다. 이들의 고향은 파주 금촌이며 두 부부는 유치원부터 초등학교, 중고등학교까지 동갑내기 동창생이다. 은경씨는 뉴욕에서 제과 제빵을 한 파티시에이고, 수복씨는 이태리 베로나에서 공부한 유학파들이다. 요리는 수복씨와 경민씨가 맡고 빵과 쿠키 등의 후식은 은경씨가 맡는다. 일정한 맛을 내려면 스태프들의 호흡도 중요하지만 외식업의 인건비 비중을 무시 못하는데 작지만

길게 잘 해보자며, 또 초창기 비용을 줄이자며, 주방도, 홀 서빙도, 경영도 셋이 함께 한단다.

에피타이저로 두 가지 맛의 부르게스타로 입맛을 돋운다. 안심 스테이크는 미디엄 레어로 주문했다. 적당한 두께감의 안심을 로즈마리 향이 배어 나오도록 그릴에 잘 구웠고, 나이프로 썰어 보니 단번에 나오는 핑크 빛 붉은 색. 한 잎 베어 먹으니 달달한 육즙이 잘 숙성 되어져 부드럽고 고소하고 그리고 담백한 맛이었다. 이 집만의 개성 담긴 파스타를 주문할 때 매운 맛을 원한다고 말하면 적당히 알싸한 매운 맛으로 만들어주는 정성에 감동한다. 이 집 안주인의 아버님은 바로 근처에서 오랫동안 약국을 운영하고 계신다. 1995년부터 많은미술 작가들에게 작업

실을 내어주는, 하제 마을을 운영하시는 분으로 한번 뵙고 싶었던 분이었는데 그분의 여식이라니 더 반갑고 기뻤다.

서울에서 기차를 타고 금촌역에 내려서 찾아오시는 손님이 당연히 많아지길 바라지만 우선 역전 근방에 사시는 분들께 스페셜 런치부터 드셔 보시라고 권하고 싶다. "트립 투 이탈리아(The Trip to Italy)", "셰프(The chef)" 등의 요리 영화가 벽면에 보여지는 시크하면서도 따뜻한 분위기 속에서 이태리 국수 맛은 어떤 지를….

자연산 민물고기 전문점
청산어죽

주소 파주시 서패동 돌곶이길 99
문의 031-939-8106
영업시간 오전 10시~오후 9시(연중무휴)

올해 최고의 한파라며 머플러로 얼굴을 푹 감쌌던 적이 언제였나 싶은데 어제 오늘 비가 내려 촉촉이 젖은 땅을 보니, 봄은 이미 저 밑에 와 있나보다. 심학산 근처를 노닐다 돌곶이길에서 만난 천렵국과 빙어조림으로 가는 겨울 서운해 하지 않고, 어죽으로 따사한 봄기운을 맛본다. 비린내 나는 민물고기로 죽을 쑨다는 거. 산 좋고 물 좋은 곳에서 살아본 사람이 아니면 상상도 못할 일인데, 뜻하지 않은 곳에서의 어죽이라니… 아내의 고향인 아름다운 평창강의 사십년 전 그 시절이 그립기만 하다.

천렵음식, 어죽

원래 어죽은 천렵 음식이라 냇가에 놀러가서 낚시로, 그물로, 족대로, 어항으로 잡은 민물고기를 즉석에서 끓여 즐기는 것이다. 강가에서 큰 돌멩이 여러 개를 둥글게 쌓아놓고 솥단지를 건다. 피라미, 꺽지, 모래무지, 빠가사리 등을 내장만 빼고 팔팔 끓이다가 쌀 한 줌 넣고 고추장, 된장 조금 풀어 넣고 대파 숭숭 썰어넣어 확 퍼지도록 끓여주기만 하면 된다. 그 구수하고 매큼하고 속이 확 풀어지는 얼큰한 어죽 맛을 안 먹어본 사람들은 상상이나 하랴 싶다.

가마솥에서 여섯 시간 푹 고운 맛

이곳 주인장이신 젊은 신희범 사장(36세)도 외갓집인 산수 좋은 충청도 옥천 청산에서 먹었던 이 맛을 다른 사람들에게도 맛보여 주고 싶어 '청산어죽'이라는 민물고기 전문점을 열게 되었단다. 금강 용담호에서 어업권을 갖고 계신 형님이 매일 매일 잡아 보내주시는 생선과 민물새우, 옥천에 사시는 외할머니가 보내주시는 고춧가루 등의 양념으로 어머님과 아내가 마음을 다해 정성껏 어죽을 끓여낸다. 큰 가마솥 여러 개를 걸어놓고 장작불로 생선들을 다섯 시간에서 여섯 시간을 고아내면 구수한 생선 맛이 우러나온다. 이게 바로 "아, 그 때 먹었던 그 맛이랑 똑같애"라고 오는 손님마다 탄성을 자아내게 한다.

도리뱅뱅이는 보기에도 예쁘고 먹음직스럽다. 빙어를 언제 먹어봤는지 기억이 가물가물하지만 바싹 튀겨서 고추장 양념 얹어 깻잎에 싸 먹으니 상큼하니 뒷맛도 개운하다. 자잘한 보리새우튀김도 아삭하고 고소하여 자꾸 손이 간다. 어린이를 위한 메뉴도 있는데 치즈 넣고 만든 돈까스가 입에 짝짝 붙는지 남기지 않고 잘들 먹는다.

신희범 사장님의 두 가지 생각이 훌륭하다. 하나는 어렸을 때 먹었던 향토 음식을 잊지 않고 더 잘 개발하여 다양한 외식메뉴를 만들었다는 것. 또 하나는 청정 지역의 자연산 민물 식재료와 갓 도정한 파주쌀과 심학산 아래 텃밭에서 오는 싱싱한 야채들을 쓴다는 것. 말그대로 신토불이이다. 스스로 친환경 기준을 만들어 자기 약속을 지키고 있는 젊은이가 든든하고 고맙다.

통일로변 파주 장단콩 공식 지정점
파주장단콩두부

주소 경기도 파주시 월롱면 통일로 717
문의 031-943-3008, 010-4332-2849
영업시간 (일요일 휴무)

올해는 UN이 정한 '콩의 해'

　UN은 올해를 '콩의 해'로 정했다. 2014년은 '가족 소농의 해', 2015년
은 '흙의 해'. 3년 연속 전세계인에게 보내는 농업 관련 메시지를 이렇게
요약할 수 있겠다. "가족 소농이 자기 땅에서 토종 콩 농사를 지어라."
라고 말이다. 콩은 영양학적으로도 가장 우수한 식량이고 콩에 기생하
는 뿌리혹박테리아의 질소 고정으로 인하여 토양을 비옥하게 하는 곡물
로 단연 으뜸이어서 콩의 중요성을 널리 알리자는 뜻일 것이다.

　이곳 파주는 우리나라 최초의 콩 보급 품종인 '장단백목'이 시작되었

던 곳이다. 특히 DMZ에서 자란 장단콩은 물 맑고 공기 청정한 곳에서 심한 일교차와 임진강 충적층의 물 빠짐이 좋은 모래가 섞인 참흙에서 자라 콩 맛이 세계 최고라고 다들 말한다. 장단콩은 여느 콩보다 색깔은 황색을 띄고 껍질이 얇고 윤기가 난다. 유기질 함량이 두 배이고, 항암 물질인 이소플라본이 월등히 많다고 한다. 특히 콩을 두부로 먹게 되면 단백질 소화 흡수율이 95%가 된다.

파주 시청에서 문산으로 가는 통일로 변(파주여고 인근)에 있는 '파주장단콩두부집'을 찾았다. 16년동안 이 한 곳에서 오롯이 장단콩 두부요리 전문점을 모범적으로 운영 하고 계신 듯 하다. 우리 음식의 기본은 장이다. 주인 사장님 댁은 DMZ안에서 콩 농사를 제법 많이 지으셔서 메주를 만들어 장을 담그신다. 매년 신안 하의도에서 소금 두 차 씩을 실어와 오래 묵힌 뽀송뽀송한 소금으로 장을 담그신단다. 이 집 음식 특유의 감칠맛은 햇살, 소금, 바람, 물의 시간이 쌓인 발효의 참맛인 것이다.

고소하고 진한 에피타이저 '콩물'

매일 아침마다 저녁에 불린 콩을 갈아 두부를 만드신다. 비지를 얼마만큼 적당히 빼느냐가 사장님의 두부 맛을 좌우하는 노하우시란다. 제일 처음 자리에 앉으면 콩물을 한 잔 주시는데, 맑아 보이는데도 고소한 콩의 뒷맛이 진하다. 이 집의 두부 정식은 푸짐하다. 제철 반찬이 한 상 가득한데 그때그때 제철 채소들을 장을 이용하여 간을 맞추어 맛을 내어 채소의 본맛이 그대로 살아있다. 순두부탕은 맑은 순두부 한 숟갈에 간

장 양념 얹어 먹으면 입에서 사르르 녹고 김치 송송 썰어 넣은 비지찌개
는 고소하고 얼큰하다. 청국장찌개는 담백하고 구수하고 냄새가 덜하여
누구든 좋아한다. 이 집의 해물두부전골은 신선한 해물들, 낙지, 새우,
조개, 미더덕에 버섯과 미나리를 넣어 끓였는데 칼칼하면서 시원하다.
전골에서 건진 두부는 야들야들 부드럽다. 뜨끈뜨끈한 돌솥밥에는 서리
태가 들어 있어 씹히는 맛이 달다. 참 여기에서는 메주도 팔고 콩물도 판
다. 메주 한 말 다섯 덩이에 십만 원, 콩물 1.5리터 페트병에 7천원이다.

계산을 마치고 나가노라면 파주 특산물인 인삼차 마실 곳도 있고 간
이 온실에는 메주덩어리가 주렁주렁 달려있어 보기만 해도 건강해진다.
맛도 맛이려니와 아늑한 식당 풍경들이 그리워 다시 또 찾아오고픈 곳
이다. 콩의 종주국인 우리나라, 파주 장단콩으로 만든 두부 요리 전문점
의 아드님이신 젊은 김영신 사장님께 거는 기대가 크다.

주소 경기도 파주시 탄현면 성동리 124-18
문의 031-943-5295
영업시간 오전 11시~오후 10시(연중무휴)

육류계의 블루칩 오리고기

한의사분들이 오리고기의 효능에 대하여 쓴 글을 읽었는데 인상 깊었던 말이 생각난다. "공해시대 생활인의 신약이며 해독보원의 으뜸이다.", "성인병 걱정 없는 건강 육류 요리, 육류계의 블루칩"이라고 극찬을 하여 요즘 시대에 걸맞은 음식이라는 생각이 들었다.

동의보감에도 오장육부를 편안하게 하는 열 손가락 안에 드는 식품이라고 되어있다. 육류가 대부분 산성인데 반하여 오리는 알칼리성 식품이고 불포화지방산이 풍부하여 체내 지방이 쌓이는 것을 막아준다. 또

125

혈관 질환을 예방하며 콜라겐이 풍부하여 피부의 노화 방지에 좋고 비타민 A가 풍부하여 기억력을 향상시키고 두뇌 발달에 좋다고 한다.

그러나 좋은 줄 알면서도 또 가끔 먹고 싶을 때가 있으면서도 가정집에서는 재료를 구하기도 직접 요리하기도 쉽지 않아 이집 저집 오리집을 기웃거리기 마련이다.

우리가 흔히 잘 아는 북경요리 중 '베이징덕'은 오리를 통째로 바싹 구워서 껍질과 고기를 얇게 저며 밀전병 위에 놓고 파머리채와 오이채를 넣어 달콤한 '첨면장'에 찍어먹는 맛이란… 좀 우아한 중국 요리이지만…

여기 파주 프로방스 맛 고을에 가면 오리를 우리 스타일로 맛있게 정답게 오순도순 즐길 수 있는 오리 전문점 '오리촌'이 있다.

오리구이 화덕은 예술

오리촌은 성동사거리에서 프로방스 길로 제일 높은 곳까지 올라가다 보면 왼편 언덕 위에 있다. 자유로를 따라 흐르는 강물과 황토 색깔 밭들의 곡선이 정겨운 풍경이 바로 앞에 펼쳐져 보이는 전망 좋은 곳이다. 가게를 들어서면 이향미 사장님의 손님에 대한 섬세한 배려로 냄새 없이 맛있게 잘 구워지도록 오리 굽는 화덕을 예술 작품처럼 만드셨다. 그 테이블에 앉아 식사를 하노라면 왠지 특별한 대접을 받는 양 기쁘고 즐겁다. 그래서 귀한 손님을 모시기에 적합한 곳이기도 하다. 멋진 화덕과 예쁜 테이블과 가슴이 탁 트이는 시원한 전망이 잘 어우러지고 또 여기에 주인 사장님이 직접 손님 한 분 한 분에 세심한 서비스를 해 주시니 오리 맛도 더 좋은 것 같다.

직접 농사지은 쌀을 바로 도정한 돌솥밥

생 오리를 적당한 크기로 숭덩숭덩 썰어 굵은 소금 뿌려 참숯의 구이 화덕에 올린다. 기름이 쭉 빠지도록 바싹 구워 소스 넣은 매콤 달콤 양파 채에 얹어 먹거나 명이나물 장아찌에 싸 먹으니 고소한 오리구이와 야채의 어울림이 느끼하지 않고 산뜻하여 자꾸 손이 간다. 밥도 따뜻한 돌솥밥을 지어 주시는데 문산 이천리에서 직접 쌀농사 하신 즉시 도정한 밥이어서 기름지고 찰지다. 보리굴비정식을 시켜 보았는데 알맞게 잘 구워낸 굴비를 먹기 좋게 발라 주셔서 밥 위에 얹어 먹으니 그 옛날 외할머니 생각이 난다. 된장찌개는 양은 대접에 끓여서 화덕 위에 올려 주시니 다 먹도록 보글보글 끓어 맛이 구수하다.

자태도 고우신 사장님 예쁜 마음이 가게 전체에 녹아 있어 언제 와도 꽃 피는 따뜻한 봄날이고 반찬도 정갈하게 맛나니 우리 모두를 감동시킨다.

우리 모두 오리고기 먹고 건강을 지킵시다!

헤이리 동네부엌
코지 하우스

주소 파주시 탄현면 헤이리마을길 82-112
문의 031-948-3440
영업시간 오전 10시~오후 8시(매주 월요일 휴무)

매화는 광양이나 섬진강 근처에만 피는게 아니다. 파주 우리 집 뒷뜰에 매화나무를 삼십그루 남짓 심었더니 요즘 한그루 두그루 앞서거니 뒤서거니, 하얀 밥풀같은 꽃망울을 톡톡 터트려주는데 그 은은한 향내에 그저 황홀하기만 한 봄날이다. 봄은 잃었던 입맛을, 둔해진 미각을 되찾는 계절이다. 보실보실 날콩가루에 무쳐 끓인 냉이국, 쑥국이나 또 쌉싸름한 민들레 겉절이가 생각나면 찾아가는 식당이 우리동네 헤이리의 코지 하우스이다.

방아간집 큰딸

이마을에 살면서 유해분사장님을 모르는 사람은 아마 한사람도 없을 듯하다. 변변히 한끼 먹을데 없는 집 몇채 안되는 황량한 마을, 초기시절에 코지는 시골 이모님 댁이었다. 오늘 호박죽 쑤었다고 지나가는 이웃을 불러 먹이는 푸근한 인심에 맛있는 집밥과 식혜를 먹을 수 있다는 것만으로 헤이리가 좋았었으니까. 유해분사장님의 음식 잘하는 재능은 다분히 친정탓이다. 고향 파주에서 방앗간을 두 개씩이나 운영하셔서 쌀이면 쌀 떡이면 떡, 조청 식혜 등 어려서부터 늘 일상으로 보아온 눈썰미와 율곡리 유씨 집성촌에서 모든 음식을 도맡아 하신 친정어머니의 손끝 매운 손맛을 어떻게 버릴 수 있었겠는가.

맛있는 종합선물세트

코지는 먹고 싶은 음식이 늘 가득하여 뭘 먹을 지 고민이 된다. 간장게장은 오월에 직접 태안으로 내려가 암게만을 골라 담가 꽃게 뚜껑에 가득찬 노란 알과 내장 맛이 슴슴하니 안짜고 고소하다.

이집 만두는 만두피까지 직접 만든다. 평양식 만두인데 사골국물로 떡만두국으로 끓여내는데 언제 먹어도 식당만두가 아닌 어린시절 먹었던 만두다. 창가에 앉아 만두 빚는 주방언니들의 모습이 정겹다.

맛있는 영양돌솥밥에 나오는 반찬은 항상 한상 가득이다. 모둠전에 잡채 제철나물무침과 이집의 유명한 따로 판매도 하는 곰취, 방풍, 초석잠, 매실장아찌와 돼지고기볶음과 갖가지 김치 등이 푸짐하다. 곤드레밥도 있다. 정선에 살고 있는 동생이 깊은 산속의 정선곤드레를 조달해 주기도 하지만 봄만 되면 좋은 곤드레 찾으러 떠나는 유사장님의 바지런함이 늘 풋풋한 밥상이다. 시댁이 제주여서 옥돔구이도 있다. 참기름 발라 노릇노릇하게 잘 구은 옥돔에 따끈한 돌솥밥은 궁합도 맞다.

육개장도 얼큰하고 시원하다. 참 빈대떡도 감자전도 있다. 음식재료 선택에 남다른 시간과 정성을 쏟는 유사장님이어서 메뉴가 여러가지어도 하나도 소홀함 없는 코지하우스라 난 맛있는 종합선물세트라 부른다.

책이 있는 식당

코지는 헤이리 8번 게이트로 들어가면 삼거리 모퉁이에 있다. 가게문을 들어서면 식당인지 도서실인지 가득 책장을 메운 책들이 있다. 이댁 바깥양반이신 철학교수께서 〈화이트헤드의 철학의 모험〉에 대한 이야기를 우리 이웃들에게 나누는 사랑방이기도 한 코지 하우스가 자랑스럽다.

자급자족 식당
친환경 이장집

주소 경기도 파주시 적성면 율포리 155-1
문의 031-959-6205, 011-201-5555
영업시간 오전 11시~오후 9시(명절 당일 휴무)

나의 삶, 농사와 축산

맛집 탐방을 시작하면서 꼭 가봐야 할 곳 첫 번째라고 전 두레생협 박경희 이사장님이 추천하셨던 이장집을 이제야 찾았다. 자유로 끝에서 오른쪽 문산으로 빠지면 37번 국도인데, 여기서 20분쯤 기분 좋은 한적한 길을 달리다 보면 왼 편에 주차장 넓은 집이 바로 친환경 이장집이다.

이장집은 한옥 건물 앞 부분 전체를 온실로 만들었다. 통나무로 만든 틀 밭에 채소들이 자라고 있는데 싱싱하고 건강해 보여 꽃 보다 더 예뻐 보인다. 아늑한 한옥 마루에 앉아 둘러보니 이장집의 건강 식단을 자신만만하게 크게 써 놓았다. 돼지는 국내 야생초와 쌀뜨물을 발효시킨 먹

133

이를 먹인다. 김치는 2년 숙성시킨 김치이며 소금은 서해안 천일염으로 2년 동안 간수를 빼고 800도에서 볶은 소금이고 쌀은 화학비료와 화학 농약을 사용하지 않고 만든 무농약이다. 야채샐러드는 제철 채소와 야생초를 쓰는데 여기에 쓰이는 소스는 야생초를 효소로 만든 이장집의 맛의 비밀이라고 쓰여 있다.

자급자족의 식당

흙 돼지구이와 한우육회 비빔밥을 주문했다. 기름기 없는 엉덩이 순살코기에 고추장, 참기름 만으로 조물조물 무쳐 빨갛게 만든 육회와 신선한 생 채소와의 조합이 상큼하니 맛나다. 흙 돼지구이는 약간 도톰하게 살과 비계와 껍질이 함께 붙어있어 노릇하게 잘 구워 먹어보았더니 일단 돼지고기의 냄새가 전혀 없었다. 비계는 물컹거리지 않으며 돼지 껍질은 약간 질기긴 했지만 고소하고 담백했다. 넓은 자연에서 방목해 키우며 항생제와 호르몬제 등의 화학성분을 사용하지 않았기 때문일까. 또한 여느 집 샐러드는 보통 소스 맛으로 먹는데 이곳은 재료 본연의 맛을 도와주는 슴슴하게 간이 된 효소로 버무린 채소 맛 샐러드여서 한 접시 더 달라 하여 먹었다. 직접 띄운 메주로 만든 된장찌개도 구수하고 어렸을 적 시골의 맛 그대로였다.

자연순환 혼합 농법

김정호 사장님은 젊은 시절 건강이 좋지 않아 좋은 음식을 먹기 위한 노력을 하다가 제대로 된 먹거리를 생산하게 되었다. 남는 것을 주변에 나누다 보니 식당을 하게 된지 언 20년이 되었는데 이곳으로 옮긴지 3년째이다. 사장님과 긴 이야기를 나누면서 한국 슬로푸드협회 회장이신 김종덕님의 말씀이 떠올랐다. "음식은 사람을 포함한 모든 생명체의 필수다. 음식을 먹지 못하면 생명을 유지할 수 없다. 하지만 음식이 다 음식은 아니다. 사람은 음식다운 음식, 온전한 음식을 섭취해야 한다. 오늘날 음식이 먹는 사람들과의 관계를 벗어나 이윤을 위한 상품이 되었기 때문에 진정한 음식을 먹는 것이 힘들어졌다."

김정호 사장님 역시 사람에게 이로운 건강한 먹거리에 대해 스스로 공부하며 실천해 온 분이다. 자연순환 혼합농업으로 농사를 짓고 가축을 키워 농사―가축―사람이 더불어 함께하며 이 땅이 생태적으로 순환해야 한다고 말한다. 또한 경운을 하지 않는 태평 농업과 많은 유기물과 미생물을 사용하는 유기농업, 농자재를 직접 만들어 사용하는 자연농업, 이러한 농업을 다 조화시킨 검불 농업을 해왔다. 이것은 바람, 햇볕, 낙엽, 볏짚, 흙, 빗물, 하늘에 순응하고 하늘의 보살핌을 잘 받을 줄 아는 지혜로운 농법이다. 이 지혜가 널리널리 퍼지기를 바란다.

식당 사장님이 아닌 농부 김정호 선생님은 농업과 자연과 인간의 다리 역할을 하는 사람으로서 밭에서 동·식물이라면 가릴 것 없이 모든 생명에게 관심과 애정과 정성을 들이고 땅을 건강하게 만드는 진정한 농부이며 장인이라고 부르고 싶다.

작지만 가치 있고 의미 있는 곳
커피 발전소

주소 경기도 파주시 교하읍 문발리 617-1번지 1층
문의 070-4133-9462
영업시간 오전 10시~오후 7시 30분(토 · 일 · 공휴일 휴무)

커피발전소는 아늑하고 오밀조밀한 모습에 단번에 마음이 풀어지는 묘한 매력이 있는 카페이자 도서관이자 작업실이자 마을 홍보관이다.

처음 이곳을 알게 된 건 3년 전 파주 교하 문발동 공방골목에서 열린 '심학산 옆 골목 잔치' 때문이었다. 도예, 목공예, 바느질, 수공예품 전시와 체험과 장터로 이곳저곳에서 열려 한나절을 맛있게 먹고 소소한 작품 사는 재미에 푹 빠졌었던 즐거운 추억이 있었다. 특히 송영근 사장님이 직접 볶으신 핸드드립의 부드러운 브라질 커피가 늘 생각났다. 커피는 세 가지로 마신다. 먼저 커피 향으로 코가 호사하고, 쌉싸름한 맛의 목 넘김으로, 또 이심전심 전달되는 송영근 사장님의 따뜻한 마음으로 마신다. 식사로 충분한 메뉴도 있다. 인절미 와플도 좋지만 우리밀 또띠아 피자도 맛있다. 유기농 원당으로 만든 과일 청도 진하다.

록빠 수공예품을 팝니다.

작은 카페지만 여러 가지의 크고 훌륭한 생각을 담아내는 상품과 포스터가 늘 감동을 준다. 먼저 록빠(Rogpa, 같은 길을 함께 가는 친구를 뜻하는 티베트어) 상품코너가 있다. 티베트 여성들의 자립을 위한 경제적/문화적 기반을 마련하고자 여성작업장의 수공예품(노트, 장신구, 머플러, 가방, 북마크, 동전 지갑 등)을 팔아 그 수익금 전액을 록빠에 후원하고 있다.

이 마을 화폐, 얌얌쿠폰

또 발전소 책방.5가 있다. 커피발전소 안 한쪽에 서가를 만들어 이 마

을의 크고 작은 출판사가 출간한 책들을 팔고, 소개 하고 싶은 책을 함
께 읽고 생각을 나누는 작은 북 콘서트가 열린다. 재미있는 건 책 한 권
을 사면 얌얌쿠폰 한장을 받을 수 있어 열장을 모으면 만원으로, 이 마
을에서 지역 화폐처럼 사용할 수 있다고 한다. 또 가깝게 있는 교하 도
서관에서 30권의 책을 한 달동안 대출받아 진열해 놓은 교하도서관의
서재도 눈여겨볼 만 하다.

　벽에는 인간 감성 회복 프로젝트라는 멋진 텃밭 풍경의 포스터가 붙
어 있다. 농사를 지으며 그림을 그리거나 사진을 찍고 글을 쓰는 등 나

만의 봄날 추억을 책으로 만든다. 틈틈이 자수 손수건, 꽃잎 주머니도 만들며 한 평 텃밭 농사를 좀 더 재미나게 해보자고 한다. '금요일엔 돌아오렴', '다시 봄이 올 거에요', '세월호 이야기'. '못난 아빠' 등의 책과 함께 노란 리본이 있다. 녹색당 홍보자료도 반가웠다.

"인류는 달나라까지 다녀왔지만, 이웃을 만나기는 더 어려워졌다." 라는 요즘 우리 시대의 역설이 있다. 송성근, 심소영 부부는 이렇게 말한다. 마을 사람들이 내 집 안방처럼 편안하게 즐기기를, 또 소소한 작은 이야기보따리를 풀어낼 수 있는 즐거운 공간이 되기를 바란다고. 이웃과의 소통을 늘리고 모임의 계기를 만들며 생산이나 소비를 함께하면서 마을 주민들의 삶의 질을 더욱 풍요롭게 만들어 주는 작은 밀알이 되고 싶단다.

나는 커피 발전소의 여러 가지 기능이 살기 좋은 마을과 지속 가능한 전환마을인 영국의 토트네스를 닮아지기를 기대해 본다.

원 테이블 홈 다이닝
파주 키친

주소 문발동 책향기 숲길 8-4 202호
문의 010-2602-8808
영업시간 예약 필수

　파주 교하 문발동의 공방 골목에 가면 파주 키친이 있다. 빌라 2층 202호, 아담하고 정갈한 이곳이 셰프이자 주인장이신 임경호씨가 운영하는 '자연주의 원 테이블 홈다이닝 레스토랑'이다.

　이 파주 키친은 테이블이 단 하나이다. 점심의 파스타 세트 메뉴와 저녁의 풀코스 요리로 그날 방문하신 단 한 팀의 손님에게 최선을 다해 정성껏 음식을 만들어 대접하기 때문이다.

요리란 사람 사이의 관계 맺기다.

　임 셰프는 요리란 사람과 사람 사이의 '관계 맺기'라고 말한다. 보통의 식당처럼 누가 어떤 재료로 어떻게 요리하는지 모르는 채 그저 주어진 메뉴를 맛과 배고픈 배에 의존해서 먹기보다는, 누가 어떤 재료를 어떻게 잘 요리하여 건강하고 맛있는 맛을 내어주는지를 알면서 식사하는 행위가 이뤄지기를 바라기 때문이란다. 이런 식사 중에서 자연스럽게 관계 맺기가 이루어지면서 먹거리의 중요함, 건강의 소중함, 이웃과의 관계의 다정함 등을 발견하고 입안의 즐거움까지 전해져 소소한 행복을 누릴 수 있다고 생각한단다.

임경호씨는 특이한 이력의 셰프다. 대학에서 미디어 아트를 강의하셨었다. 그리고 요리학원을 한 번도 다닌 적이 없고 또 누군가로부터 배운 적도 없단다. 다만 내가 좋아하는 음식(특히 파스타)이 있으면 책이나 주변에서 레시피를 구해다가 직접 만들어 먹어보고 나만의 스타일로 변주해보는 식으로 요리를 연구하고 발전시켜 왔단다. 무엇보다도 신선하고 좋은 재료가 중요하기에 생협 매장에서, 친환경 농사를 짓는 농부로부터의 직거래 농산물로 몸에 축적된 요리 감각이 발휘 되어서 임경호 만의 이태리 퓨전 요리가 생기게 되었단다.

토요일 저녁 하나도 소홀함 없이 우리가족 모두가 맛있게 먹었던 여섯 가지 코스메뉴를 임쉐프 허락받고 특별히 여기에 공개한다.

토요일 저녁의 코스 레시피

1.에피타이저-카프레제

유기농 완숙토마토 위에 바질 페스토를 바르고, 올리브오일, 레몬즙, 발사믹 식초, 꿀로 만든 소스에 푹 재운 양파를 올린 후 풍미가 좋은 파마산 치즈를 뿌려 먹는 에피타이저로 식전에 새콤달콤함으로 입맛을 돋워준다.

2.로즈마리 토마토 수프 + 올리브 치아바타

항산화 작용에 탁월한 완숙토마토를 푹 익혀 라이코펜 Up Up Up!

뇌를 깨워 집중력을 향상시켜주고 소화촉진과 항균에 탁월한 허브 로즈마리를 가미하여 지친 속을 풀어주는 건강 수프를 쫀득한 치아바타와 함께 먹으며 본격적인 식사를 시작한다.

3.렌틸콩+완두콩 바질 애플 드레싱 샐러드

식이섬유와 단백질이 풍부하고 콜레스테롤을 낮춰주는 렌틸콩과 제철을 맞이한 완두콩을 삶아 각종 비타민, 섬유질 풍부한 채소들과 함께 향긋하고 달콤한 바질 애플 소스로 버무려 맛있게 먹는 샐러드이다.

4.파르미자나 디 멜란자니 (가지 오븐구이)

장기능 강화와 항암효과가 있는 제철 가지에 바질페스토, 토마토소스, 양파, 양송이 버섯을 볶아 올린 후 파마산 치즈를 뿌려 오븐에 구운 이 요리는 소스가 잘 베어든 가지의 부드러운 식감과 파마산 치즈의 고급스러운 풍미를 고루 즐길 수 있는 요리이다.

5.푸타네스카 파스타

이태리산 그라노로 유기농 스파게티 면에, 유기농 완숙토마토로 직접 만든 토마토 소스와 엔초비, 고추초절임, 블랙올리브, 케이퍼를 함께 볶아 짭조름하고 감칠맛이 나며 매콤하게 즐기는 파스타이다.

6. 타임 & 파마산 치즈 감자 스택

풀먹인 소의 우유로 만든 이즈니 무염 버터에 다진 마늘과 상쾌한 향의 허브 '타임'으로 양념에 얇게 썬 감자를 버무리고, 감자 사이사이에 파마산 치즈를 뿌려 타임의 상쾌하고 깔끔한 향과 버터, 치즈의 풍미 그리고 바삭하고 담백한 햇감자의 식감을 즐길 수 있는 디저트 요리이다.

좋아하는 음식을 보다 건강하게 맛있게 만들어 여러 사람들과 함께 나누어 먹을 때의 기쁨이 생의 활력이 되어 경호씨의 만성 신부전증이 말끔히 나아지기를 두 손 모아 빈다.

한방차와 생활차
차뜨락

주소 경기도 파주시 탄현면 새오리로 339번길 5-88(대동리 413-1)
문의 031-949-0409
영업시간 오전 10시~오후 10시(연중무휴)

나 하늘로 돌아가리라

아름다운 이 세상 소풍 끝내는 날

가서, 아름다웠더라고 말 하리라

– 천상병 시인의 '귀천'

2000년 초 '인사동 속의 인사동' 이라고 인사동의 정겨운 골목길과 건
물 안에 마당을 둔 쌈지길을 만들 때에 거의 매일 인사동에 출근하면서

찻집 '귀천'에 자주 들렀었다. 천 시인의 천진무구한 사진 속의 미소가 좋았고 쓴 쌍화차를 마시면 마실수록 달달해지는 맛과 걸쭉하고 달콤한 대추차에 중독되었었다.

정겨운 ㅁ자 집의 추억

까맣게 잊고 지냈던 인사동의 맛과 멋의 정취를 여기 파주 대동리에서 다시 만나게 되니 반갑고 기쁘다. 프로방스 마을을 지나 한참 가다 보면 '메주꽃'이라는 한정식집 조금 못 미쳐 좌회전하여 500m, 누구 소개가 아니면 절대 찾아지지 않는 곳 '전통찻집 차뜨락'이다. 작년 11월에 야트막한 언덕에 집짓고 정원을 만들어 꽃을 심고 나무를 심고 하루 종일 뜰 손질에 바쁜 이나경 사장님을 만나 이야기를 들어보니 참으로 현명한 여인이었다.

20년 동안 패션 비지니스를 하셨단다. 숙녀복을 기획하고 디자인을 하여 오랫동안 일본에 수출했었고, 아직도 규모는 작지만 여전히 원단을 만지며 늘 머릿속에 옷 만드는 일이 가득하지만 지금은 쿠션이며 방석이며 커튼을 만들어 찻집을 꾸미는 일이 더 즐겁단다.

안 마당을 중심으로 ㅁ자 모양으로 지붕이 모두 연결되어 있는 ㅁ자 집에서 자란 이사장님은 늘 어린시절의 그 집이 그립다. 언젠가 다시 살고 싶은 그 집을 이곳 찻집에 옮겨 ㅁ자로 만들었다. 천장을 유리로 막아 하늘을 보며 빗소리를 들으며 달빛을 볼 수 있다. 여기저기 수소문을 하여 찾은 옛날 재료로 기둥과 서까래를 올리고 생긴 대로 잘 다듬은 차

탁도 멋져 인사동에 가야 볼 법한 공간을 만들었다.

메뉴는 차와 간단한 식사가 있다. 차 종류는 한방차와 전통차, 팥빙수, 수수부꾸미가 있고 식사로는 연잎밥, 떡 만둣국 한상차림이 있는데 보기도 좋고 맛도 그만이다. 쌍화차는 백작약, 숙지황, 당귀, 천궁, 계피, 감초 등 열 여섯가지의 한방재료를 넣고 불과 물 조절을 해 가며 여덟시간을 뭉근하게 끓여낸다. 작가가 만든 제 각각의 도자기 컵에 한 잔을 마시니 후끈하니 속이 편하다. 대추차는 대추를 일곱 시간 푹 달여 달달한 맛에 피곤이 싹 가신다. 난 특히 쌍화차를 마시며 인사동 생각에 잠시 잠겼었다.

나의 인생 빛나는 노후

"파란 하늘을 앉아서 바라보며 깊은 심호흡을 할 때, 밖을 내려다 보면 돌 사이의 작은 풀들이 파릇파릇 돋아나고 하나 둘씩 꽃을 피울 때, 손님이건 친구건 함께 도란도란 차 마시며 이야기 나누는 곳이면 외롭지 않게 빛나는 노후를 가질 수 있지 않을까"라는 것이 차뜨락 주인의 생각이다. 내년엔 차뜨락 한 귀퉁이에 만든 텃밭에 완두도 심고 바질도 심어 식재료로 쓰기도 하고 한 아름씩 손님에게 선물하고 싶단다. 한 살 두 살 더 나이가 들어 풍성하고 여유롭고 아름다운 삶을 차뜨락을 찾아오는 손님과 함께 하겠다는 마음이 우리를 감동케 한다.

1960년대 본점

좋은식단

PAJU

모범음식점
Good Restaurant

정통중화요리
덕성원

주소 경기도 파주시 금촌1동 명동로 43(금촌동 323)
문의 031-941-2226
영업시간 오전 11시~오후 9시 30분(공영주차장 대형버스 주차 가능)

　금촌 전통 시장의 일방통행 도로 옆에 이곳에서만 60년이 넘도록 한 자리를 꿋꿋이 지키는 덕성원이라는 중국집이 있다. 4대 째 이어온 전통을 가진 덕성원 이덕강 회장님을 만나 뵙고는 이 시대의 본받아야 할 참으로 훌륭한 분이라는 생각이 들었다. 시간 가는 줄 모르고 덕성원의 역사와 음식이야기, 가족사를 들으면서 인생의 고비마다 오뚝이처럼 일어나는 근성도 중요하지만 음식이라는 먹거리에 대하여 엄격한 자신만의 잣대로 한결같은 질과 맛을 유지하려고 노력한 것이 오늘의 덕성원을 있게 한 비결인 듯싶다.

산동 출신의 화교 3세이신 이 회장님은 금촌에서 태어난 토박이 파주시민이다. 주민자치 위원회의 위원이었고 파주 중화요리 요식업 협회장으로 요양원, 보육원, 장애시설, 노인정 등 아프고 어렵고 힘든 곳을 찾아다니시며 맛있는 음식으로 봉사하신다. 지역 작가분들에겐 전시장소로 공간을 선뜻 내어주기도 하시고 파주 금촌의 옛날 모습의 소중한 사진자료를 많이 보관하고 계시며 언젠간 좋은 전시로 파주시민에게 공개하실 예정이시란다. 자식농사도 잘 지으셨다. 큰 딸은 치과 의사이고, 둘째 딸은 5개국어에 능통한 홍보 전문인이며, 막내인 이진성(31)은 유학파 경영학도인데 아버지 밑에서 경영 수업을 받고 있다. 이 회장님은 지금도 급하면 오토바이를 타고 배달을 나가시는데 그 모습이 너무나 활기차 보인다.

초등 몇 학년이었을까. 짜장면에 대한 나의 첫 추억을 더듬어보니 학년 말 우등상장을 들고 부모님과 함께한 중국집 짜장면이다. 진 밤색 굵은 국수 가락에 듬성듬성 감자와 돼지비계가 섞인 고소한 짜장면. 덕성원의 짜장면이 기름지지 않아 부드럽고 고소하여 아련한 그때의 그 맛이 떠올랐다. 요즘 짬뽕이 유행이라던데 이 집 짬뽕은 맵거나 짜거나 자극적이지 않아 해산물의 시원하고 개운한 맛이 일품이었다. 이 집의 대표메뉴로는 전가복과 간소새우가 있는데 전가복은 몸에 좋은 송이, 해

삼, 전복, 조개, 관자, 해삼, 죽순이 듬뿍 들어있다. 간소새우는 매콤 달콤 새콤한 맛이 잘 어우러지고 새우도 통통하니 크고 싱싱하다. 바로 옆 파주 전통시장의 야채 가게, 어물전에서 즉시 가장 신선한 재료를 가져다 쓰므로 항상 신선할 수밖에 없다.

덕성원의 60년을 지켜온 맛은 역시 연륜의 깊은 맛이었다. 음식에 허세가 들어가지 않는 정직한 맛이어서 바르게 잘 자란 모범생 같은 맛이랄까? 더하지도 덜하지도 않는 딱 맞는 양념과 늘 신선한 재료와 알맞은 불 사용이 입만 즐거운 중국음식이 아니라 속까지 편한 음식이어서 60년을 하루같이 대를 이어 만들고 대를 물린 단골이 생겼다. 파주 금촌 전통 시장의 큰 그늘인 느티나무 같은 존재로 백 년 넘어 계속 이어지기를 기대한다.

팜 투 테이블
복경이네

주소 파주시 탄현면 검산로 573-2
문의 031- 942-1609
영업시간 오전 11시~오후 9시(일요일 휴무)

　파주 면사무소 가기 전 탄현초교 앞에서 좌회전 하자마자 연천 축산물 옆 골목으로 들어서면 넓직한 마당에 텃밭도 있고 층고가 높은 비닐하우스 한 동이 있는 복경이네라는 식당이 있다. 이 집에 들어서면 음식의 맛도 맛이지만 일단 기분이 좋다. 늘 얼굴에 웃음이 가득한 전 파주 의용 소방대 대장이시고 이 마을 토박이로 천 평이 넘는 땅에 무농약 농사를 지으시는 홍승준 바깥양반과 함박꽃처럼 푸근한 모습만큼이나 구수한 손맛의 육복경 사장님의 음식에 한 번도 실망해본 적이 없기 때문이다. 식사 때면 늘 북적거리는 이 집 분위기와 싱싱한 쌈 채소를 언제든 맘껏 먹을 수 있어 시골 이모네 집처럼 정겹다.

155

뉴욕보다 앞선 농장형 레스토랑

아직 가보진 않았지만 몇 해 전부터 뉴욕의 제일 잘나가는 식당의 주제는 '팜 투 테이블'이란다. 자기가 직접 기른 작물로 요리한다는 농장형 레스토랑으로 부지런히 밭으로 무얼 따러 다니는 하얀 모자 쓴 셰프들의 모습은 상상만 해도 멋지다. 복경이네가 바로 그 시조(?)이다. 벌써 이곳에서 9년째 텃밭과 식당을 왔다갔다하며 좋은 고기 들여놓는 일만 빼고는 모든 게 옆 밭에서 다 해결하니 말이다.

복경이네 텃밭에서 상추, 치커리, 겨자잎, 근대, 여름배추에 삼겹살 구워 입 크게 벌려 쌈을 싸먹고 금방 따온 풋고추를 된장 찍어 먹으면 그 맛도 그만이지만, 삼 년 묵힌 묵은지에 두툼한 돼지고기 생 목살 넣고 대파, 부추, 두부 넣고 사골로 고은 육수 부어 자글자글 끓여 뜨거운 밥에 묵은지 쭉쭉 찢어 올려 먹으니 도망간 입맛도 돌아오는 이열치열한 여름 복달림 음식으로도 손색이 없다.

조상의 지혜가 담긴 묵은지의 깊은 맛

이 집의 묵은지 비법은 시간과 정성으로 만들어진다. 매년 천 포기 가깝게 김장을 담궈 삼 년쯤 잘 삭힌 김치를 물에 슬쩍 빨아 꼭 짠 다음에 파, 양파, 다시마, 멸치, 고춧가루 등의 양념을 넣고 삼십 분 쯤 졸인 물에 이 묵은지를 넣고 뭉근한 불에서 4~50분 동안 끓여낸다. 그러면 군내도 쉰내도 없이 달짝지근하고 매큼한 묵은지의 깊은 맛이 나오는 것이다. 이렇게 양념이 잘 밴 묵은지를 그때그때 손님상에 내어서 사골육수를 부어 묵은지 전골을 만든다. 바로 이 묵은지의 깊은 맛이 우리 조상님네의 지혜와 여유의 산물이 아닐까.

단골 손님이 얻는 보너스

복경이네는 이래서 좋다. 식당 앞에서 무농약으로 기른 마늘, 풋고추, 수박, 참외, 배추 등을 말도 안 되는 가격으로 판다. 한보따리씩 사올 땐 거저 얻어가는 기분이다. 단골 식당은 이래서 좋다. 한참 바쁜 점심시간 보내고 삶은 콩 갈아서 시원한 냉콩국수를 말아 두 분이 드시려다 늦게 온 손님은 덤으로 고소한 냉콩국수 한 공기씩 얻어먹는 곳 '복경이네'다.

이 식당은 월요일부터 금요일까지 영업하는데 또 세 시부터 다섯 시까지는 저녁 준비 시간으로 잠깐 쉰다. 매주 일요일은 휴무이고 토요일은 예약이 필수이다.

봉평메밀 막국수집

주소 파주시 탄현면 금승리 172-10
문의 031-942-1068, 010-4242-1068, 010-3004-1068
영업시간 하절기 오전 11시~오후 8시, 동절기 10월부터 4월

더우니까 여름이라지만 올 여름은 지나치게 덥다.

여태 에어컨 켜지 않고 고물 선풍기 하나로 잘 버틴 건 부채, 온냉욕, 그리고 봉평메밀막국수 때문이다. 한지작가 이종국님의 하얀 보름달 같은 부채를 걸어두고 보다가, 이 더위에 살살 슬슬 흔들어 보았더니 시원한 부채바람이 제법이다. 또 종일 땀 흘리고 끈적끈적 해진 몸을 뜨거운 물로 비누질하고 찬물로 샤워하니 몸도 마음도 상큼해진다.

그러나 뭐니뭐니해도 점심메뉴로 고민하지 않고 일주일에 한번씩 찾아 갔었던 파주시 탄현면 금승리 172-10번지의 봉평메밀막국수 덕분이다.

여름철 보약 메밀

여름철에 먹는 메밀은 보약이다. 서늘하고 찬 성질이어서 혈압을 낮추며 소염, 해독이 뛰어난 곡물로 본초강목에는 위를 실하게 하고 기운을 돋우며 오장의 노폐물을 훑어준다고 했다.

우리국민은 여름철 별미로 냉면을 첫 번째로 꼽는단다. 맑고 시원하고 깔끔한 육수에 면은 굵고 부드러워 가위가 필요 없는 순한 맛의 평양냉면과, 전분으로 만들어서 면이 가늘고 질겨 씹히는 맛이 좋고 가자미회나 홍어회로 매콤하고 새콤하고 빨갛게 무쳐 나온 함흥냉면은 젊었을 적에 많이 먹었었다. 그에 비해 막국수는 소박하다 못해 투박한 맛이다.

더위에 잃어버린 입맛은 막국수로

이 집 막국수는 메밀을 직접 반죽하여 즉시 면을 뽑아 만들어서인지 메밀 향이 짙고 육수도 과하지 않아 얌전한 모범생 같은 맛이랄까. 특히 과한 양념을 하지 않고 적당한 다대기 양념으로 알맞게 간을 해서 먹을 수 있어서, 양념 맛으로 먹는 막국수가 아니어서 좋다. 그저 매일 먹는 밥처럼. 먹을수록 질리지 않는다.

비빔국수, 물 막국수, 어떤걸 먹어도 맛있다. 그러나 시원한 사골육수와 야채 다린 국물을 적당히 혼합한 이 집 육수의 감칠 맛 때문에 물 막국수를 권한다. 열무김치와 백김치의 슴슴한 맛도 일품이다.

이 식당은 한명환과 이명순 부부가 운영한다. 메뉴가 간단하다. 하절기 메뉴에는 비빔막국수와 물 막국수가 있고, 메밀만두가 한가지 더 있다. 그 대신 겨울 메뉴에는 해물메밀칼국수와 푸짐한 메밀만두전골이 있다. 여기에 빠질 수 없는 강원도산 메밀 꽃 막걸리와 강냉이 막걸리가 궁합이 잘 맞는다.

봉평 메밀집은 이렇게 찾아가면 쉽다. 자유로에서 낙하 IC로 빠져 나와 LG로로 들어오다 두 번째 사거리에서 좌회전하면 몇 집 안 되는 마을 안에 있다.

시원한 막국수 한그릇을 하고 나와 바라보는 넓은 논에 곧 황금물결을 생각하면서 미리 가을을 머릿속에 그려본다.

돌아온 파주댁
연신내 칡냉면

주소 경기 파주시 금촌동 774-5(금정4길 19)
문의 010-6369-0544
영업시간 오전 9시~오후 10시(첫째, 세째 일요일 휴무)

자연은 생명이며 이 세상에서 가장 소중한 가치이다.

자연을 살리고 자연과 더불어 사는 삶에 관심을 갖게 되어 저절로 지
역의 환경운동에 동참 하다 보니 금촌 파주환경운동연합 사무실에 자주
가게 되었다. 한두 달 전인가 손 만두라고 쓰여진 유리 창문 안에서 열
심히 반죽하여 국수를 뽑고, 또 직접 만두를 빚는 젊은 부부를 보았다.
이 집 칼국수를 먹으면서 나의 칼국수 사랑이 도지고 말았다. 어릴 적
홍두깨로 밀어 국수를 만들 때 할머니가 주신 국수 꽁다리의 추억이 아
련하지만 최인호의 수필 〈인연〉에 나오는 칼국수가 더 정겹기만 하다.

"가장 소박한 음식 중에 하나인 칼국수를 가장 소박하고 진실한 정성을 다
해 만드는 일이란 얼마나 아름다운가. 나는 요즘 칼국수가 그리워지는 날이
면 그 집을 찾아가곤 한다. 거기에 세상에서 가장 아름다운 국물이 나를 기
다리고 있으므로, 사람이 사람을 생각하는 마음보다 맛있는 음식이란 세상에
없다." _최인호의 〈인연〉 에세이 중에서

향토음식 호박만두

세상에서 가장 아름다운 국물이 기다린다고 했던가. 땀이 쏙 빠지도
록 한여름의 뜨끈한 국수도 좋지만 이 집의 호박만두도 만만치 않다. 애
호박을 채 썰고 매운 풋고추를 다져넣고, 라면사리를 삶아 기름기 쭉 빼
어 만든 만두소는, 오래 되지 않은(?) 파주 지역만의 특화된 음식이랄까?
어릴 적 동네 할머니가 별식으로 만들어 주셨던 만두를 상품화 했다고나
할까? 칼칼한 맛과 애호박의 사근사근 씹히는 맛이 일품이어서 문을 연
지 두 달 만에 단골손님이 수월찮게 많아졌다고 한다. 난 칼 만두국을 자
주 시켜먹는다. 쫄깃쫄깃한 면발에 만두를 함께 넣어 국물이 뽀얗도록
감자와 애호박 듬뿍 넣고 끓여 나오는데 칼국수엔 겉절이 김치, 만두엔
열무김치, 번갈아 이 맛 저 맛 젓가락이 바쁘다. 칼국수야 기본으로 맛있
고 수제비도 얄팍하게 뜯어 쫄깃하기가 구수한 젤리 씹는 맛 같다.

돌아온 파주댁

사모님 한진경씨는 서울 연신내로 시집갔다 아이를 다 키우고 고향으

로 돌아왔다. 고향에서 욕심부리지 않고 소박한 5평짜리 가게를 열었다. 동네 어르신, 친구, 언니, 오빠들에게 정성으로 음식을 대접하는 마음으로 가게를 운영하니, 그 마음이 전달되었는지 점점 꾸준히 찾아주시는 손님덕분에 하루하루가 즐겁단다. 앞으로는 우리 밀 만두피로 재료를 조금씩 바꿔보려고 노력 중인데, 시식해 보았더니 구수한 우리 밀이랑 호박 소가 더 잘 어울려 바꿔야겠다는 조민석 사장님의 프로정신도 훌륭해 보인다. 파주환경연합의 회원이시기도 한 두부부의 먹거리에 대한 바른 생각과 내가 사는 이 고장의 환경 지키기 운동에도 솔선수범하는 이분들의 가게가 점점 더 번창하기를 빌어본다.

금촌천 옆
새말기사식당

주소 파주시 금촌3동 34-4 / 경의로길 1791
문의 안명제 010-9618-8910
영업시간 오전 6시~오후 9시(연중무휴)

실향민의 딸이 30년 넘게 맛을 지키는 곳

보름이 가까워오니 달의 배가 불러온다. 달 시와 달 그림을 그리는 권대웅 작가의 '그리운 것은 모두 달에 있다'의 싯귀이다.

천둥 호박이 부풀어 오르는 가을밤이면/ 두둥실 그리움도 여물어/ 지상의 외로운 그대 만나러 온다/ 보따리 가득 머리에 이고/ 아들 집 오는 어머니처럼/ 다 나누어 주고도/ 더 주고 싶은 달의 마음

추석이면 사무치게 그리운 고향산천과 부모님 생각에 저만치 떠오른

달을 보며 얼마나 많은 위안을 받았는지 모른다. 언젠가 만날 것이라 믿으며 멀리도 못 가고 어머니가 끓여주셨던 콩비지 맛을 못 잊어 금촌역 뒤 새말지구에서 30년이 넘도록 콩비지 집을 하는 실향민의 딸, 다섯 중 맏딸인 안명제씨가 운영하는 〈새말기사식당〉에서 실향민의 마음을 헤아려본다.

개풍군에서 내려온 아버지는 3년전 돌아가시고

개풍군 임한면에서 세 달만 남쪽에 다녀오라는 부모님 말씀에 두 형님과 나이 15살에 내려왔다가 고향에 계신 부모님 소식을 끝내 듣지 못한 채, 3년 전에 돌아가신 아버님이 생각할수록 안타깝다. 아버님은 음식으로 고향 시름을 달래셨다. 처음엔 개성만두를 만들어 파시다가 이곳 장소로 옮기셔서 콩비지를 만드셨는데, 멀리서 찾아오는 이북식 콩비지 맛을 못 잊어 오시는 기사 분들이 많아 한때는 북적북적한 잘 나가는 기사식당이었다.

고즈넉한 골목길이 지켜져서 새말이 서촌처럼 되었으면....

새말이 재개발 될 것이라는 이야기에 이곳은 집수리도 못하게 되어 살기 힘들고 빈집이 하나 둘 늘어나는 마을로 변했지만, 오히려 그 덕에 지금은 고즈넉하게 소박한 뒷골목이 그대로인 마을이 되었다. 난 이곳을 발견하고는 어릴 적 친구를 만난 듯 보고싶은 거, 하고 싶은 말이 술술 터지는 느낌이었다.

금촌역 뒷길이어서 개발되면 도심의 이점을 충분히 누리겠지만 서울의 북촌이나 서촌처럼 삶의 이야기가 고스란히 남아있는 이곳이 그대로 남아있었으면 하는 마음, 나만의 희망일까?

이북식 콩비지 찌개, 실향민의 맛

이 집의 콩비지찌개는 진하고 구수하고 잘 삭혀진 오래 끓인 깊은 맛이 난다.

하루 밤 잘 불린 콩을 맷돌에 간다. 콩비지는 아주 곱지도 않고 거칠지도 않게 살짝 씹히는 맛이 있게 간다. 육수는 돼지 등뼈만 골라 적당한 크기로 자른 다음 찬물에 담가 핏물을 제거하고 나서 5시간 푹 고은 물에 묵은지 넣고, 갈은 콩 넣어 푹 끓여낸다. 여기에 한 상 가득 나오는 반찬들은 직접 농사 짓거나 이웃에서 가져온 자급자족한 채소, 양념이어서 특히 된장찌개와 김치찌개가 맛깔스럽다.

음식으로 평화와 통일을

여름철 별미 콩국수도 있다. 이 집 콩국수는 콩을 갈아서 거른 맑은 콩물에 국수 맛이 유난히 깔끔하고 구수하여 한 번 온 사람은 잊지 못해 찾는다 한다.

정치는 남과 북을 가르지만 음식에는 남과 북이 없다. 북한에서 먹었던 음식을 찾는 사람들에게 고향 음식을 대접하는 것이야말로 생활에서의 평화요, 통일이 아닐까?

주소 파주시 탄현면 헤이리마을길 21-6
문의 031 - 957 - 0896
영업시간 오전 10시~오후 10시(연중무휴)

　세계에서 가장 예술을 사랑하는 사람들이 모인 마을, 파주 헤이리의 가을 하늘이 점점 더 깊어진다. 헤이리 1번 게이트로 죽 들어오다 왼쪽에 3층 건물 '인스퀘어'라는 공간이 있다. 주변의 나무와 꽃들, 빨간 대문의 어울림만큼이나 가족의 하모니가 어우러져 따뜻한 마음에 전염된 채로 돌아오게 되는 곳을 소개한다.

부모님과 두 딸들이 만드는 곳

　인스퀘어는 한 가족이 운영하는 캐주얼 다이닝 갤러리 카페이다. 사진 작가이신 아버지와 주방을 관장하는 어머니와 바리스타인 큰 딸 공미령씨와, 카페 전체를 아름답고 재미있게 꾸며주는 작은 딸. 이렇게 네 명이 균형을 이루어 공간을 만들어가는 곳이다.

헤이리 초창기 시절 아버지 공영석 작가님 말씀이 아직도 기억에 남는다. 비가 많이 왔던 어느 해. "천장에서 떨어지는 물줄기가 예사롭지 않아 아예 화분을 갖다 놓고 식물을 키운다"는 낭만과 여유가 구도자의 모습 같았다. 또 헤이리에 식당 하나 없었을 때, 나라도 먹을 걸 만들어야겠다고 하시며 앞치마 단정히 입으시고 싱싱한 야채를 듬뿍 넣어 샌드위치를 만드셨다. 맛도 좋았지만 커튼이며 방석이 포근하고 따뜻하여 그만 절로 눕고 싶은 정겨운 아지트였다.

이제는 두 딸이 다 장성하여 조경, 인테리어는 물론 커피 맛은 맛대로 음식은 음식대로 연구하고 개발하여 다양한 메뉴의 이태리 음식 전문점으로 우뚝 서있다. 어디에 내놓아도 손색없는 가족의 힘으로 만든 아름다운 다이닝 카페. 지금 사장은 공미령씨다. 대학에서 식품영양학을 공부했고 어려서부터 입맛, 손맛 뿐만 아니라 눈썰미까지 있어 빵도 직접 굽고 커피도 직접 볶는다. 그의 손에서 인스퀘어만의 맛도 있고 보기도 좋은 새로운 메뉴가 하나씩 만들어지고 있다.

채끝 등심 파스타와 치즈 갈릭 오픈 샌드위치

'채끝 등심 리가도니 파스타'는 잘 구워진 고소한 채끝 등심과 매콤한 토마토 소스와 쫄깃한 리가도니 면이 잘 어울리는 파스타로 누구든 좋

아하는, 그러나 인스퀘어에서만 먹어볼 수 있는 메뉴다. 또 이 집 샌드
위치는 옛날부터 정평이 나 있지만 오로지 나만을 위해 정성껏 만들어
준 것 처럼 맛도 있고 예쁘기도 하다. '치즈 갈릭 오픈 샌드위치'는 구운
통마늘과 크리스피 베이컨과 버섯, 올리브가 잘 어우러져 오븐에 구운
크림 소스 샌드위치인데, 임실 모짜렐라 치즈가 위에서 녹아 내린다.

이 집의 음료로 그린 스무디는 케일, 사과, 파인애플, 레몬을 듬뿍 넣
어 건강하고 맛있는 디톡스 주스이다. 리얼 딸기라떼는 딸기로 만든 수
제 딸기 청에 우유와 생크림을 넣어 부드럽고 달콤하다. 카페 안의 다양
한 수입 카우퍼레이드 피규어와 프랑스 두보캣, 스웨덴의 오리지널 로
터리 캔들 홀더 제품도 훌륭하다.

그러나 인스퀘어의 가장 큰 장점은 손님에 대한 넘치는 사랑이며 배
려. 원하는 맛을 얻기 위해서 식자재를 잘 선택하고 아끼지 않는 것
도 비결이다. 또 가족이 함께 같이 한다는 것, 흔한 것 같지만 귀한 일이
고, 또 사랑으로 뭉친 힘이 아니고서는 어려운 일이다. 자식은 부모님을
존경하는 건 당연하지만 실천하기는 어렵고, 부모가 자식을 사랑한다지
만 생각을 존중하기는 쉽지 않다. 이름 만큼이나 탄탄한 인스퀘어에서
가을 헤이리의 정취를 음식과 함께 즐겨보시기를 권한다.

착한 매운탕집
임진대가

주소 경기도 파주시 문산읍 임진리 8-21
문의 031- 953-5174
영업시간 오전 10시~오후 9시(연중무휴)
쏘가리와 자연산 장어는 예약 필수

임진나루 가는 길의 고택식당

임진강 임진나루 가는 길에 어부가 천직이라는, 시를 쓰는 어부가 한 분 계신다.

스치는 바람과 소리 없이 흐르는 강을 좋아하는 어부이며, 차가운 고요 위를 나르는 기러기에 봄의 전령을 맞이 하라는 임진강이 나의 어머니이며, 당신 속에서 태반에 있는 편안과 아늑함을 느끼는 어부이다. 아무것도 해준 것이 없는 불효 어부인데, 하지만 자식 어부 지켜주시는 한없는 사랑에 말 못하는 어부이며, 그저 당신 속에서 뛰놀다 당신 품에

안길 어부라고 스스로 매일 말하는 어부가 바로 임진대가를 운영하며 어업채취권을 4개나 갖고 계신 이선호 어부님이시다.

이곳은 700년 전 고려시대 일성사라는 사찰이 있던 곳으로, 고택이 있는 위치는 대웅전 자리였다고 한다. 전주리씨 장천군파 후손들이 이 곳에 터 잡은 시기는 조선초기이며 이후 600년간 줄곧 이곳에서 자손대대로 살고 있다고 한다. 이 식당건물은 25년 전 이사장님이 지으셨지만 주춧돌이 곳곳에 계단으로 여기저기에 있어 세월의 무게를 느끼게 한다.

제철요리 참게매운탕, 참게범벅, 참게튀김

임진대가의 차림상은 모든 것들이 임진강에서만 나오는 것이다. 봄철이면 황복요리이고, 여름에는 장어가 별미이며, 하루가 다르게 아침 저녁으로 찬 바람 부는 깊은 가을에는 쏘가리와 참게 요리가 제격이다. 이 집의 참게 매운탕은 빠가, 메기, 잡고기와 참게를 듬뿍넣어 무시래기 넣고 깻잎, 부추 등의 야채를 넣어 푹 끓여내다가 수제비 넣어 한 소끔 더 끓인다. 시원한 참게 맛과 메기와 잡고기들의 살들이 살살 퍼져 걸쭉한 국물에 쫄깃한 수제비까지, 옆사람 얼굴을 돌아볼 여유도 없다.

또 다른 참게요리가 있다. 참게범벅, 참게 찜, 참게 튀김이 있는데 참게 범벅은 사장님이 개발한 이 집의 대표메뉴이다. 콩나물, 깻잎, 대파, 미나리를 넣고 된장, 고추장, 간장, 조청, 과일 열두 가지 재료를 넣은 특별한 양념소스와의 어울림은 참게만의 풍미와 감칠맛이 여간 예사롭지 않다. 참게튀김은 껍질은 바삭하고 부드럽다. 적지만 알찬 속살과,

노란 알들을 뜨거운 기름에 재빨리 튀겨내 기름지지도 않고 씹을수록 고소한 맛에 감동한다.

꼭 필요한 만큼만 잡는 어부

이선호 사장님은 진정한 어부이다. 임진강의 물고기를 잡아 이 곳에서 자란 건강한 식재료로 음식을 만들지만 늘 욕심부리지 않고 꼭 필요한 만큼만 더도 덜도 잡지 않겠다는 생각으로 한번도 내 자신과의 약속을 어긴 적이 없는 어부이시다.

임진강을 지독히도 사랑하는 어부님을 보고 문득 사춘기 시절에 심취했었던 헤밍웨이의 〈바다와 노인〉이 떠오르는 건 왜일까. 아직 젊으신 이선호 사장님이 먼 후일에도 더 멋진 임진강 어부로 남아 계시기를 바라는 마음일게다.

맛있고 깨끗하고 올바른 레스토랑
식물감각

주소 경기도 파주시 탄현면 헤이리 마을길 48-8
문의 031-957-3123
영업시간 오전 11시~오후 10시

　'식물감각'은 요즘 젊은이들 사이에 핫 플레이스로 떠오르는 헤이리 예술마을에 위치한 문화 공간이며 레스토랑이다. 헤이리에서 가장 오래된 파스타 집으로 12년 동안 30만명이 넘는 사람들이 다녀갔단다. 2002년 가을 헤이리가 황무지나 다름없던 시절, 어느날 길가에 핀 바람꽃을 발견하고 꽃과 식물을 사랑하기로 마음먹은 주인 마숙현 대표님은 헤이리에 건물을 짓고 200여종의 우리 꽃과 나무들을 심고 가꾸었단다.

그 곳에 가면 문화가 보인다

　"저는 처음 터를 잡고 집을 짓는 일에 식물과 자연이 최우선이었습니다. 그저 좋아서 사랑했던 풀한포기 나무 한그루가 내 자신과 무관하지 않아 인문학적 철학적 생태적 바탕이 우리의 삶과 밀접하게 맞닿아 있다는 것을 아는 순간 새로운 세계가 펼쳐지는 개안이었지요. 손님들은 갤러리를 좋아하고 숲과 정원으로 둘러 쌓인 공원에서 식사를 하고 싶어합니다.

숲과 풀꽃들은 도시의 삶에서 심신이 고단해진 이들에게 항상 경이로움을 주고 지친 마음을 달래주지요. 1층은 와인샵과 갤러리로 헤이리 마을에 거주하는 화가들은 물론 외부 예술가들에게도 무료로 개방됩니다. 이 작은 공간이 여러 예술가들의 전시장이 되어 많은 예술 애호가들과 소통할 수 있다는 것은 또 다른 보람이지요. 이탈리아 레스토랑을 시작하면서 우리가 식탁에 있을 때의 우리 모두의 모습을 그려보았습니다. 사랑하는 이들과 함께 이 식탁에 놓인 음식을 나누면서 이야기 꽃을 피워 사랑과 추억, 고마움과 반가움이 더욱 아름답게 피어나는 소중한 시간을 만들어 드리고 싶었습니다." 라고 마사장님은 말한다.

해물뚝빼기파스타

"여기 음식 맛 절반은 풍경이로구나." 소설가 김훈 선생님이 말씀 하셨지만 파스타 맛도 예사롭지 않다. 얼큰한 뚝배기 파스타는 뜨거운 뚝배기에 담아낸 스프 스타일의 매콤한 해산물 스파게티다.

얇게 저민 구운 마늘과 주꾸미, 홍합, 생 토마토 과육이 어우러진 알맞게 매콤한 파스타로 재료가 신선하여 바다내음이 코끝에 스친다. 고소한 맛이 일품인 전복 크림 파스타는 전복소스와 다진 새우 전복 살로 맛을 낸 크림 스파게티로 특별한 날의 최고의 선물이다. 식전 빵으로 나오는 방금 구운 따뜻한 먹물 빵도 특별하다.

소믈리에 사장님의 와인이야기

이곳만큼 와인을 잘 갖추고 있는 레스토랑이 없다. 사장님이 소믈리에로 오랫동안 와인 강좌를 해오신 와인 전문가이다. 음식에 맞는 와인을 늘 친절하게 추천해 주셔서 이 집의 식사는 두 배로 즐겁다. 최근에 보르도 와인이 입고되었단다. 쏘떼른 2종(꾸떼07, 리외섹10), 포므롤(네닌12), 쎙테밀리옹 그랑크리클라쎄(샤또 몽부스께13), 생줄리앙(샤또 레오빌뿌아뻬레13) 그리고 다소 저렴한 샤또 보몽과 샤또 푸이게로 총 7케이스가 1층 와인숍에 진열되어있다.

헤이리의 이 좋은 가을에 부모님 모시고 또는 아내와 친구와 식사와 와인 한잔으로 그 동안의 소홀함을 용서받는다면 더할 나위 없는 '멋진 그대'가 되지 않을까.

DMZ 통일촌 안의 두부집
장단콩

주소 경기도 파주시 군내면 통일촌길 64
문의 031-954-3442, 010-5327-5810
영업시간 예약 필수(연중무휴)

　가을이 깊다. 지금은 산과 들 어딘들 아름답지 않은 곳이 없을까마는 노란 잎으로 수놓은 민통선 안의 단풍들은 화려한 붉은색 단풍보다 단아하고 청초하다. 파주비무장지대 일원에는 3개의 마을 대성동, 통일촌, 해마루촌이 있다. 대성동 마을은 DMZ안에 있고, 통일촌마을은 1972년 7.4남북 공동 성명 이후에 생겼으며, 해마루촌 마을은 2001년에 생겼다. 전쟁에 고향을 떠났지만 곧 돌아갈 거라고 간단한 짐만 챙겨 들고 나왔는데 그 길이 70년이다. 통일촌 마을주민들은 20년 만에, 해마루촌 마을 주민들은 50년 만에 고향으로 돌아온 것이다. 처음 이곳으로 돌아와 첫날 밤을 자고 아침을 맞이한 그때, 창문 밖으로 보이는 남북을 흐르는 강, 분단의 강, 그저 멀게만 생각되었던 그 강을 보고 슬퍼서 기뻐서 좋아서 울었다는 어느 분도 만났다.

부녀회의 지혜가 만든 장단콩식당

주민들 외에 유동인구가 없던 시절, 주민들이 농사를 지은 농산물의 유통이 어려워 생계가 어려웠었다. 그러던 중 마을 부녀회(현 부녀회장 이연희씨)에서 마을농산물로 식당을 운영해보자고 했고, 그렇게 출발한 마을 식당이 오늘날에 이르렀다고 한다. 식당을 시작한 지 벌써 18년, 그 세월만큼 두부 만드는 솜씨가 대단했다. 두부를 오래 눌러 물기를 많이 빼 단단했지만 그래도 딱딱하지 않고 부드럽게 고소한 맛이 맨두부를 먹어도 하나도 심심하지 않고 두부 맛의 구수한 맛이 입안에 오래 남았다. 콩비지찌개, 된장찌개, 순두부찌개, 청국장찌개 등은 별도로 시켜 취향대로 푸짐히 먹어도 되지만, 장단콩 정식에도 먹을 만큼씩 모두 다 나오는데 각각의 맛이 독특하여 순위 매기기가 어려웠다. 거기에 밥은 기름이 자르르 흐르는데 밥 한 공기 더 달라하고 싶을 정도다.

장단콩을 먹으며 DMZ 체험하기

이곳 민통선을 들어가는 길은 두 곳이 있다. 자유로를 따라 끝까지 가면 판문점 가는 길, 통일대교로 가는 길과 전진교를 건너는 것인데 군부대 출입허가를 받아야만 한다. 4인 이상의 손님이 식당을 예약하면 식당 인솔로 출입할 수 있으며, 단체손님은 사전에 명단을 식당에 알려주면 군부대에서 출입허가를 받아주고 안내해 준다. 장단콩식당은 좀 더 편안하게 여유를 갖고 손님을 접대하는 곳으로 좋을 성 싶다. 근처에는 단체손님을 위한 뷔페식당도 있고 농산물 직판장도 있다.

재두루미 가족에서 행운을…

또 한가지 금상첨화로 DMZ즐기기라면 파주환경운동연합이나 환경단체의 생태조사 또는 시민대상의 철새탐조를 신청하여 함께하면 더 좋다. 겨울철에 그곳에 가면 늘 재두루미를 볼 수 있다. 환경부 지정 멸종위기종 2급인 재두루미는 한해의 행운을 기원하는 연하장 사진의 모델이기도 하다. 통일대교를 넘자마자 오른쪽에 넓은 논과 백연리 벌판에서 겨울을 난다. 그 뿐만 아니라 초평도라는 넓고 아름다운 하중도河中島가 있는데 그 섬에 물이 빠지면 강 뻘에 재두루미가 쉬고 있다. 아름다운 임진강변에 논과 강뻘과 그곳에서 쉬는 모든 새들의 평화를 우리모두 지켜주도록 마음을 모은다면 의미 있는 나들이가 되지 않을까?

모자의 정성
천년초 들깨 칼국수

주소 경기도 파주시 금능동 445-11
문의 031-957-8380
영업시간 오전 11시~오후 8시

돌아온 입맛 칼국수

따뜻한 국물이 생각나는 계절이다. 곰탕도 좋고 매운탕도 좋지만 뽀
얀 하얀 국물이 걸쭉하고 라면사리처럼 꼬불꼬불한 생면국수에 듬성듬
성 보이는 감자채의 구수한 칼국수가 더 당기는 철이 되었다. 난 밀가루
음식을 좋아해서 늘 먹고 싶은 음식이 칼국수였다. 아직도 생각나는 집
은 천호동 시장 통에 있는 칠순 노부부가 운영하는 반 칸짜리 국수집이
있는데 30년도 넘었으니 아직도 있을라나 모르겠다. 바지락을 넣은 것
도 아니고 한여름 선풍기 앞에서 땀 흘리며 먹은 그냥 감자만 썰어 넣은

187

담백한 맛이었다. 최근 잊고 살았던 칼국수 맛을 찾았다. 물어 물어 찾아갔더니 식당 앞은 넓은 논 경지이다. 찾기 쉽지 않은 곳에서 5년 전에 두 자매가 국수 집을 시작 했단다.

잘 한다는 곳을 두루 찾아 다니며 열심히 배웠고 식자재는 장단 비무장지대에서 농사짓는 시아버님의 콩 깨 팥 등을 써서 재료부터 엄선했다.

국수 집의 성공은 90프로가 면이어서 천년초 선인장으로 반죽을 했다. 천년초는 우리 재래종 선인장으로 영하 20도의 혹한에서도 얼어 죽지 않는 강한 생명력을 지니고 있다. 예부터 민간요법의 외용약으로 쓰여 왔는데 특히 그 점성이 밀가루 음식과 잘 어울려 선인장을 갈아 그 즙을 넣어 반죽을 하면 더 찰진 반죽을 얻을 수 있고 풍부한 식이섬유와 마그네슘 비타민 칼슘 등이 소화와 면역강화에 도움이 된다고 한다.

수제 꼬불꼬불 생면사리

이 집의 면은 좀 다르다 쫀득 쫀득하고 꼬들꼬들하다 긴 면발은 후루룩 넘어간다. 그런데 이 집 정성희사장은 좀더 씹히는 맛을 즐기며 잘 씹어 먹으라고 국수를 뽑고 나서 면발을 주물러(?) 라면 면발을 만든다. 이 숨은 뜻의 배려를 손님들은 안다. 매일 매일 생면을 뽑고, 다시마 마늘 감자를 넣은 육수도 매일 만들어 당일만 사용한단다. 국수 종류가 다양하다. 바지락 칼국수, 들깨 칼국수, 얼큰 칼국수도 있다. 홍합, 새우, 우거지, 파, 청양고추를 넣어 속이 확 풀어지는 일명 해장 칼국수도 별미이다. 곧 동지이다. 우리 팥을 푹 삶아 곱게 갈아 만든 팥 칼국수와 팥

옹심이의 그윽한 팥 향이 최고다.

칼국수 비법도 나눠요

정성희 사장은 지금 잘나가는(?) 안정적인 칼국수의 노하우를 나눌수록 좋다고 생각한다. 통 큰 마음을 지닌 얼굴도 맘도 예쁜 사람이다. 한 달 이건 두 달 이건 주방에서 모든 비법을 다 알려준다고 한다. 스스로 창업 할 수 있도록, 그렇다고 식자재를 납품하는 체인점을 만드는 것도 아니다 어렵게 터득한 비법을 나눠 스스로 빠른 시간에 홀로 설 수 있도록 서로 돕는 나눔을 하는 것이다. 지금 두 분이 와서 배우시고 곧 음식점을 열 예정인데 처음 얼마간 가서 도와줄 계획이란다.

이렇게 바쁘게 식당을 운영하다 보니 옆에서 두 아들이 엄마를 도와야겠다고 하여 물리치료사 직업을 잠시 접었다. 어머니와 함께 하는 칼국수 집에 활기가 넘친다. 이 집의 여름별미국수인 서리태 콩국수를 주중에 한번 콩국수데이를 하자고 건의하고 부추전 한가지만 했는데 김치전 해물전 새로운 메뉴도 추가된단다. 참 파인애플 칵테일 막걸리 맛도 싸아 하다.

보기 좋은 아름다운 풍경이다. 어머니 가게의 성업으로 자기직업도 잠시 휴업하고 신선한 아이디어를 내어 부모님을 돕는 요즘 보기 드문 젊은 청년을 마구 칭찬하고 싶다. 부디 어머니의 사업도 돕고 물리치료사로의 보람도 포기하지 않기를 바란다.

인사동 친환경 음식점
꽃, 밥에 피다

주소 종로구 인사동 16길 3-6(관훙동 118-2번지)
문의 02-732-0276
영업시간 오전 11시~오후 3시, 오후 3시~5시 30분(브레이크 타임), 오후 5시 30분~10시(일요일 휴무)

파주에서의 2번째 서울 나들이 인사동 '꽃, 밥에 피다'를 소개한다.

작년 이 맘 때쯤에는 문성희 선생님의 '평화가 깃든 밥상 시옷'을 찾았는데, 그곳과는 결은 다르지만 꽉 찬 속은 꼭 자매 같은 음식점이어서 소중한 분들과의 특별한 모임이나 가족과의 즐거운 식사를 하기에 좋다.

아련한 용모만큼이나 반듯하고 총명하고 겸손한 송정은 이사님이 '식당분위기도 음식도 이렇게 예쁘게 멋지게 먹을 수 있어요' 라는 독창적 제안이 인사동과 참 잘 어울린다. 꽃이란 항상 봐도 좋다. 그냥 먹어도 좋을 음식에, 언제부터 같이 있었는지 당연하게 느껴지는 오감을 행복하게 해주는 '밥이 꽃처럼 피어나는 곳', 그래서 '꽃, 밥에 피다'가 식당 이름이다.

보자기 비빔밥

보자기 비빔밥은 눈도 호강하고 맛도 그만이다. 봉화마을에서 온 찰진 밥 위에 가지런히 색깔 별로 잘 볶아진 야채 나물에 고추장과 참기름 넣고 젓가락으로 살살 비벼 노란 지단으로 쌈 싸먹는 비빔밥이다. 주인의 정성이 고스란히 전달되어 특별히 대접받는 기분이어서 행복하다. 제철과일 샐러드는 지금 한창 제 맛인 사과로 만들었는데 빛나는 음식 조합은 영양만점인 백태 콩을 삶아 넣었다는 것. 이 샐러드가 오래도록 생각날 것 같다. '우럭찜'도 좋다. 흑산도에서 온 우럭을 슬쩍 말려 무 넣고 칼칼하게 졸여 나오는데 생물조림보다 더 깊은 맛이 별미이다.

우리 좋은 술 다 있어요

손님접대하기에 좋은 다양한 우리 술을 갖추었다. 유기농 막걸리, 자희향 탁주, 국화주, 이강주, 문배주, 죽력고까지 좋은 음식에 맞는 훌륭한 술을 골라놓은 안목도 수준급이다.

가끔 이곳엔 특별한 공연도 열린다. 생명과 평화를 노래하는 홍순관 님의 노래와 삶의 이야기와 흙, 햇빛, 바람, 농부의 땀과 노력이 먹거리가 되어 아름답게 피어나는 밥상이야기도 함께 들을 수 있기도 하다.

농부님들이 직접 보내주는 재료

이곳은 농업회사 법인 '㈜ 네니아'에서 운영하는 곳으로 북촌의 유기농 전문매장과 200여 가지의 친환경 급식 제품을 생산하는 곳이다. 전국의 믿을 수 있는 농부님들이 직접 보내주신 쌀, 야채, 과일 등으로 착한 밥상, 믿음의 밥상을 차린다. 좋은 식재료를 파는 회사에서 식당으로 돈을 벌겠다는 생각은 저만치 제치고 이런 이야기, 이런 음식 만들어 먹으면 좋겠다는 무언의 친절과 배려가 느껴져 감동이다. 더 번창하여 2호점, 10호점 곳곳에 생겨 빛나는 아름다운 밥상을 전파시켜 주기를 기대한다.

팥나라 전통팥죽

주소 경기도 파주시 탄현면 가시내길 10
문의 031-948-8118
영업시간 오전 10시~오후 8시

　지난 해 쌈지 어린 농부학교에서는 토종작물을 많이 심었었다. 그 씨앗을 나눔으로 받았기에 받은 만큼 몇 배로 돌려주리라 맘을 먹고, 먹지도 않고 씨앗 갈무리를 했다. 쥐이빨 옥수수의 모습은 보석보다 영롱하고 예뻤다. 또 이팥 재팥의 그 야무진 모양과 멋진 색감에 감탄이 절로 나왔다 내년에는 좀 많이 심어 어떤 맛인지 먹어보리라 생각하며 붉은 팥, 적두로 만든 이 겨울에 먹어줘야 하는 팥죽 집을 찾았다

　헤이리에서 금촌 가는 길 왼편, 가게 앞 나무에 전통팥죽, 팥 칼국수라고 큰 현수막이 왠지 향수를 불러일으킨다. 어렸을 적 동짓날에 집안

곳곳과 장독대에 팥죽을 올려놓은 모습이 어렴풋이 꿈같기도 하고 영화 장면 같기도 하다. 벼르고 벼르다 동지 전에야 비로소 그 팥죽을 먹게 되었고 그 후 친지들을 모시고 며칠에 한번씩 단팥죽 팥 칼국수 수정과, 생강차 등등 골고루 먹어보고 있다

인생 2모작 '팥죽집'

이곳은 중후한 느낌의 신사분과 곱게 늙으신 부인(대표 최영자), 노부부가 운영하는 편안하게 쉬며 책도 읽을 수 있는 서재 같은 분위기의 팥 요리전문점이다. 하얀 요리사 가운을 정갈하게 입으시고 서빙 하시는 모습이 무척 당당하고 자랑스러워하시는 모습에 역사가 궁금해 넌지시 여쭈었다. 공직에 계셨었노라는 짤막한 대답을 하셨지만, 곧 이 팥죽 집을 하시게 된 사연을 상세히 말씀해주셨다.

노부부가 세를 주었던 일층 가게가 비어서 직접 운영하겠다고 결심한 후 많은 준비를 하셨단다. 팥죽을 무지 좋아해서 전국을 한 바퀴 돌며 맛있다는 팥죽을 다 맛보고나서, 더 자신이 생겼다. 그래서 3년전에 그 옛날 드셨던 그 맛 그대로 전통방법을 고수한 팥 나라를 개업했다고 한다.

지역 농산물은 필수

팥나라에서는 붉은 색이 선명하고 단단하고 윤기 자르르 흐르는 국산 팥만 쓰고 있다. 국산 팥을 사서 깨끗이 씻어 몇 시간 불린 다음, 손가락으로 문질러 잘 으스러질 정도로 삶는다. 그런 다음, 채에 걸러 내린 앙

금으로만 끓여 죽을 쑨다. 여기에 찹쌀을 갈아 익반죽한 새알 옹심이를 동동 띄우면 그 맛이 향과 어울려 한숟갈도 남기기 않고 먹게 된다.

이 집 단팥죽은 많이 달지 않아 좋다. 호두 등 견과류의 씹히는 고소한 맛과 시나몬 향이 싸한 동치미와 참 잘 어울린다.

팥은 예부터 식용으로도 약용으로도 우수한 곡물이었다. 비타민 B와 칼륨이 많고 사포닌은 이뇨작용과 몸 안의 부기와 노폐물 제거에 좋아 몸을 개운하게 하는 약재 이기도 하다. 지금처럼 한겨울 찬바람으로 몸에 냉기가 도는데 그 찬 기운을 빼는데 아주 좋은 음식이다. 그래서 겨울철엔 단팥죽으로 여름철에는 팥빙수로 팥이 몸의 냉기를 따뜻하게 다스린다고 한다

오늘도 거실 벽에 걸린 정정엽 작가의 '붉은 팥'을 보며 이 글을 쓴다. 주변에서 흔히 볼 수 있는 곡식을 그림으로 그린 정작가의 작가노트에서 이렇게 말한다.

"곡식은 눈으로 먹는 양식이다. 따뜻한 엄마 밥이 생각난다. 액운을 막아주는 팥의 기운은 그림 앞에선 이들의 액막이까지 열어준다. 고맙고 따스한 곡식이다"

북한 전통 음식
두만강 찹쌀 순대

주소 파주시 금촌동 772-15
문의 031-944-8948
영업시간 오전 10시~오후10시(연중무휴)

북녘땅의 그맛

　파주시청 사거리에서 보훈회관앞 골목 맞은편으로 들어서면 '두만강 찹쌀 순대'라는 식당이 있다. 인자하고 다정한 얼굴에 카리스마가 훅 풍기는 백영숙 단장님과 임진강 예술단원이 운영하는 곳이다. 모습은 작은 식당이지만 크고 아름다운 뜻을 지닌 고마운 식당이다. 북한이탈주민인 백단장이 어려운 조건에서도 이 식당을 낸 이유는 두 가지이다. 하나는 고향의 음식을 고스란이 재현하여 고향 잃은 슬픔을 부모님이 해주셨던 그 맛으로 달래주고 싶었단다. 또 하나는 오랜 분단으로 입맛마져 달라 서로를 이해하지 못하는 것이 안타까웠단다. 입맛마저 장벽이 생기는 것은 아닐까하는 우려심에 같이 먹고 마시고 호흡하여 통일의 시대를 차근차근 준비하겠다는 마음으로 식당을 열었다.

남북통일 문화예술 실천사업

파주는 통일의 관문이라 했다. 반세기가 훨씬 넘도록 아직도 계속되는 이산의 아픔에 멀리도 못가고 통일되는 그 날 빨리 달려가고픈 사람들이 사는 지역이다. 이곳에서 남북통일 문화예술 실천사업을 하고 있다. 그 일환으로 북한 이탈주민 청소년 문화예술 육성사업과 북한이탈주민 이웃을 돕고자 한다. 이런 일을 자신들의 힘으로 스스로 해보자며 북녘 고향에서 먹었던 그맛 그대로 다같이 모여 만두 빚고 순대 만들고 국수를 눌러 뽑는다.

천연의 맛, 추운지방 향신료 '내기'

함경도 무산의 감자골에서 자랐다는 백단장의 특별한 음식은 감자농마가 두루 여기저기에 쓰인다는거다(녹말을 함경도에선 농마라 한다). 감자농마해물전, 감자농마국수는 녹말만 넣고 만든다. 만두국에도 순대국에도 농마수제비를 넣는다. 이 농마 수제비가 말갛게 동동 뜨는 것이 입에서 살살 녹으면서도 쫄깃쫄깃하다. 뭐니뭐니 해도 농마반죽을 어떻게 하느냐가 비법 아닌 비법이란다. 김치 만두는 만두피까지 직접 만든다. 만두국 육수가 얼큰 시원하여 물었더니 돼지뼈만 고아 만들었다한

200

다. 돼지냄새 전혀없는 그 맛이 특별나다. 천연의 맛이다. 기억을 더듬어 보니 우리 60~70년대의 맛이랄까? 순대국도 그 옛날 고기국밥같고 농마해물전 맛은 시꺼먼 감자녹말떡 맛이 난다. 순대는 돼지곱창에 밀가루, 소금을 넣고 박박 주물러 씻은 다음, 된장 풀어 삶아내 기름기를 빼고 누린내를 없앤다. 시레기 삶은 거, 찹쌀, 좁쌀, 돼지고기를 다져넣은 데에다 선지를 넣어 쪄낸다. 익숙지 않은 싫지 않은 향내가 나길래 물었더니 '내기'라는 풀인데 추운지방의 향신료로 그 향이 빠지면 이 맛이 안난다고 한다. 이북에서 온 사람들은 그 맛을 그리워한다고 한다.

메뉴도 다양하다 두부를 직접 만들어 순두부전골, 순두부국, 두부조림, 두부밥이 있다. 또 콩으로 만든 인조고기밥도 있다. 오징어순대, 오징어볶음도 있고 제일 많이 좋아하는 수제비만둣국과 찐만두가 있다.

통일을 준비하는 예술가들

식당벽면에 붙어 있는 임진강 예술단 사진이 화려하다. 무용, 노래, 아코디언연주 등 20명의 단원이 북한예술공연으로 파주뿐만 아니라 전국 방방곡곡에서 공연을 한다. 어딘가 향수를 불러일으키는, 날 것 같은 춤과 노래가 풋풋하다. 내가 가진 재능을 나누고 봉사한다는 마음으로 항상 즐겁게 일한다는 임진강 예술단 사람들. 문화로, 예술로, 먹거리로, 남북이 하나됨을 바라는 이분들의 마음이 참으로 숭고하다. 백영숙 단장님의 명함 뒷면에는 '나눔은 실천'이라는 글귀가 있다. 오래도록 가슴에 남는다.

주소 경기도 파주시 조리읍 뇌조로 171번길 68-35(뇌조1리 103-16)
문의 031-948-4207
영업시간 오전 11시 30분~오후 10시(둘째, 넷째 월요일은 휴무)

분재화분에 능소매화, 그림 같은 농원가든

봄이 오는 길목인 입춘날, 뜻하지 않게 입춘호사를 했다. 점심 먹자고 훌쩍 온 이곳 조리샘 농원가든에서 뜻하지 않게 분재화분에 능소 매화를 만났다. 그 은은한 향에 잠시 정신이 혼미 했었다.

이 집 주인인 안훈승 사장 부부는 2000년에 이곳에 전원주택을 짓고 주말마다 와서 갖가지 과수나무를 심고 야생화를 심어 그림 같은 농장을 가꾸며 지냈다. 그러다 아주 귀촌한 것이 2004년이다. 쌀농사도 짓고 유기 농사를 하겠다고 풀과 전쟁을 하면서, 신선한 알을 받으려고 토종닭, 오리를 키우느라 사시사철 분주했다. 또 산양을 길러 새끼를 내어 직접 산양유를 짜서 먹었다. 이런 전원생활도 좋았지만 한 생각 더 나아가 다른 분들께도 그리하리라 마음먹고 가든을 열게 되었다.

입에 짝 붙도록 맛있는 오리누룽지 백숙

음식만들기 좋아하고 나름 손맛이 있어 한식요리사 자격증 받아놓아 차근차근 식당을 준비했었다. 무얼하면 좋을까 생각하다 "다른 고기는 사줘도 먹지 말고, 오리고기는 내 돈 주고 사먹으랬다"는 세간의 평가를 떠올려 2013년 오리 요리 점문점을 열게 되었다.

오리는 대표적인 알칼리 식품으로 가끔 먹어줘야하는 보양식이자 미용 식품이다. 혈액 속 콜레스테롤을 낮춰주고 필수아미노산이 풍부하여 기력회복에 좋으며, 또 콜라겐이 풍부하여 피부재생에 좋고 불포화지방산이 높아 혈관질환 예방이 탁월하다. 이집 오리백숙은 남녀노소 누구나 다 좋아한다. 쌀과 오리가 푹 잘 고아져 먹기 좋고 거기에 올려져 있는 찹쌀누룽지가 콩가루 인절미처럼 구수한 맛인데 사장님이 먹기 좋게 잘라주셔서 같이 떠먹는 맛이란……같이 오지 못한 손자, 손녀뿐만 아니라 꼭 모시고 싶은 고마운 얼굴이 휙휙 지나간다. 오리로스도 먹음직스럽다. 노릇노릇 기름기 쫙 빼고 구워 양파 채에 싸서 먹으면 젓가락이 바쁠 지경이다. 오리훈제도 있고 볶음탕, 옻 닭도 있다. 오리로 깔끔하게 구수하게 입에 짝 붙도록 맛있는 집은 처음이다.

산양유는 '파주행복장터'로

이곳은 '파주의 행복 장터'라는 온라인 시장에서 '산양유'를 파는 곳으로 알게 되었다. 산양을 28마리 키워 젖을 짜서 손님들에게 한 컵씩 주시기도 하고 팔기도 하신다. '행복장터'는 이지역의 좋은 농산물을 소개하고 집까지 배달해주는 온라인 회원제 마켓이다(네이버 밴드 '파주 행복장터'). 훌륭한 지역 농산물을 찾아서 팔아주니 소농은 소농대로 좋고 신선한 지역 농산물을 좋은 가격에 받을 수 있으니 얼마나 좋은지… 장사 아닌 봉사를 하시는 그분들의 노고가 장하다. 조리샘 농원가든에서 맛있는 식사도 하고 산양유도 사 먹을 수 있지만, 계속 받으려면 '파주 행복장터'에서 주문하면 집에서 받을 수 있다.

모두 그날 요리, 예약은 필수

이집 음식이 달라 보이는 건 모두 음식 재료에 대한 사장님의 확고한 철학 때문이다. 그날 온 오리는 그날 다 요리하고 절대로 묵혀 다음날 사용하는 법이 없다. 그러니 닭이던 오리던 냄새가 전혀 없고 장아찌 빼고는 모두 즉석에서 만들어 주시니 귀한 손님 대접 받는 느낌이다. 배추, 고추, 깨 등 모두 자급자족하고 옆에 있는 비닐하우스에서 기른 유기농 채소는 본연의 신선함을 맛보게 해준다.

조리샘 농원 가든에 가실 때는 예약이 필수다. 좋은 음식을 정직하게 착한 가격으로 파는 식당이면서도, 주인장 두 분의 마음속에 '좋은 음식을 나누자'라는 생각이 더 진하게 깔려있다. 올해 입춘은 능수매화의 향기보다 더 진한 조리샘농원가든 주인장의 향기에 감동하고 돌아온 날이 되었다.

가마솥 시래기국밥
무가네

주소 경기도 파주시 광탄면 용미리 347-1
문의 031-942-4067
영업시간 오전 5시~오후 10시(연중무휴)

시래기국밥을 잘하는 집이 생겼다는 말을 듣고 파주시 광탄면 용미리 무가네를 찾았다. 시래기밥, 시래기국, 시래기지짐 등 시래기로 만든 음식은 뭐든 찾아서 먹는 나로서는 반가운 일이었다.

더구나 이 식당을 컨설팅 해준 분이 하 사장이라는 말을 듣고 더 반갑고 기대가 되었다. 그는 파주에 있는 프로방스 마을을 만든 사람이다. '소렌토'라는 이태리 식당을 시작으로 프랑스의 아름다운 작은 마을을 옮겨 놓은 듯, 허브 향과 파스텔 톤의 건물과 유럽풍의 그릇, 가구 등의 손으로 만든 공예품을 파는 따뜻한 곳이어서 모두들 즐거워하고 좋아했던 곳이었다. 그는 종로에서 1층은 시래기, 2층은 파스타를 하는 '우바리'라는 식당을 운영한 적이 있는데, 그 때나 지금이나 시래기처럼 영양있고 구수한 우리 입맛에 잘 맞는 음식이 없다고 생각한단다. 또 요즘처럼 어려운 시기에 적은 금액으로 따뜻한 시래기국밥 만한 메뉴가 없다고 생각해서 고깃집이지만 '무가네'라는 이름으로 상호를 지어 많은 사람들에게 음식을 나누고 싶었다고 한다.

시래기국밥은 3,900원

시래기는 무잎을 햇볕과 바람에 말렸다가 국이나 나물로 무쳐먹고 지져먹는 토속적인 음식이자 조상의 지혜가 담긴 훌륭한 먹거리이다. 항산화성분이 많고 각종 비타민과 철분, 칼슘, 베타카로틴이 풍부하여 성장기 어린이와 갱년기 여성의 골다공증에 도움을 주고 또 식이섬유가 풍부하여 변비와 다이어트에도 좋은 식품이다. 그 옛날에는 쌀 한 줌, 보리 한 줌에 시래기 듬뿍 넣고 푹 끓여내어 여럿이 배불리 먹는 소중한 구황작물이기도 했다.

무가네 시래기국밥은 가마솥에 소의 사골을 넣어 오랜 시간 고아서 시래기를 넣고 끓여 된장으로만 간을 한 보약 같은 국밥이다. 더구나 3,900원이라는 가격은 좋은 음식을 착한 가격에 여럿이 나눠먹자는 나눔의 뜻이 담겨있다.

이 집의 메인요리는 숯불구이다. 세계 진미인 스페인의 이베리코 흑돼지를 사용하는 데 모두 특수 부위살 모듬이다. 이베리코 흑돼지는 청정들판에서 도토리, 유채꽃, 허브를 먹고 방목으로 자란 돼지들이란다. 우수한 품질의 마블링으로 부드럽고 연하면서 풍미가 있고 맛이 좋아 미식가들의 식탁에만 올라갈 정도라고 한다. 블랙앵거스는 미국의 한우, 미국의 와규로 불린다는데 스트레스가 없는 좋은 환경에서 엄격하게 사육되어 육질이 부드럽고 고소하여 조리사들이 가장 선호하는 품질이 검증된 최고의 맛이라고 한다.

식당 벽면에 행복한 소, 돼지가 들판과 나무그늘에서 노니는 사진이 인상적이다. AI와 구제역으로 살처분 되는 우리나라의 가축과 농가를 생각하면 목이 멘다. 어쩔 수 없이 생명을 섭취하고 사는 우리 인간들이지만 동물에 대해 너무 이기적이고 폭력적인 사육방식이 초래한 결과가 아닌지.

우리의 몸은 우리가 먹는 음식물로 이루어지며 그것은 건강하고 생명력이 넘치는 땅에서 만들어진다. 사람의 육체와 정신이 조화로울 때 비로소 건강하고 바람직한 삶이 될 것이다. 밖에서 먹는 밥 한 끼도 혼이 담긴 음식으로 건강하게 차차 바꿔지기를 고대한다.

세 자매가 만드는 터키의 멋과 맛
엔조이 터키

주소 파주시 탄현면 헤이리마을 길 82-91
문의 031-945-3537
영업시간 오전 11시~오후 7시(매주 월요일 휴무)

헤이리 8번 게이트 입구에 '엔조이 터키'라는 곳이 있다. 입구 벽면에는 시원한 바다 바람이 불어 올 것 처럼 갈매기 나는 그림이 그려져 있고 '독서는 앉아서 하는 여행이고, 여행은 걸어 다니면서 하는 독서'라고 쓰여 있다. 또 이런 글귀도 있다. '늘 마음이 설레고 가슴 뛰게 하는 그 곳, 알면 알수록 새롭고 감동적인 이상한 매력의 이스탄불. 그 이름을 부르면 가슴이 떨리고 그 이름을 기억하면 그리워지는 이스탄불은 사랑, 그리고 그리움이다'.

얼마나 터키를 사랑하면 터키여행사를 만들고, 카페를 만들고, 터키 음식점까지 하게 되었는지 궁금해졌다.

가게 문을 열면 이곳은 이스탄불 현지 예쁜 가게같다. 컬러풀한 유리 모자이크등과 섬세하고 예쁜 도자기, 터키석 장신구, 카펫 등 소소한 소품이 화려하면서도 기분 좋은 색감이 가득이다. 그야말로 마음을 맑고 환하게 해주는 매력에 푹 빠져버린다. 아! 여기가 바로 힐링카페, 여행 카페, 맛있는 카페구나, 하고 고개를 끄덕이게 되었다

세자매가 만든 카페

이곳은 스스로 꼴통자매라 자처하는 개성 넘치는 언니들이 운영하는 곳이다. 부엌데기 큰언니인 마초 아블라는 어깨발, 말발이 누구에게도 밀리지 않는 꼿꼿한 심성의 소유자로 맛을 책임지는 요리사다.

둘째언니 버럭 쟈스민은 터키에 주로 살면서 여행사를 이끈다. '내 멋

대로 내 맛대로 터키여행'이란 프로그램 제목도 멋지다. '발칙한 나그네', '사람 냄새 나는 여행' '사도 바울 선생님을 따라서' '역마살이의 낡은 여행' 등 통상적이지 않은 '나를 알아가는 여행'이라고 한다.

막내는 바지사장 후리치아인데 살림을 못한다고 말은 하지만, 감각쟁이로 카페에 놓인 소품 한 점 한 점이 모두 예사롭지 않다. 누가 봐도 탐나는 좋은 컬렉션으로 그녀의 감성이 이곳을 빛나게 해준다.

터키는 맛있다

터키는 세계3대 맛있는 요리로 유명한 나라이다. 그곳에 가면 몸도 마음도 건강해지는 요리를 맛볼 수 있다. 이 집의 음식 맛은 순했다. 갓 구운 터키 전통 빵인 시미트와 홍차잎을 우린 짜이가 좋았다. 여기에선 모든 음식에 짜이가 기본으로 나온다.

리필되는 짜이와 함께 먹어야 터키음식의 맛과 향을 제대로 느낄 수 있다. 엔조이 터키만의 맛의 비밀은 음식에 들어가는 모든 양념이 현지에서 온다는 것이다. 터키 향신료, 소금, 깨, 고추, 올리브, 오일과 석류 진액 등.

첫 방문이라면 엔조이 세트를 추천한다. 바게트처럼 겉은 바삭하고 속은 촉촉한 터키 빵 에크맥에 오믈렛이나 샐러드를 얹어 먹기 좋다. 신선한 샐러드에 석류진액이 들어간 소스 맛이 향긋하다.

궁금했다. 왜 터키냐고 물었더니 '사람'이라고 말한다. 따뜻하고 순박한 터키 사람들의 정이 그리워 자주 가게 되고 말만 들어도 가슴 뛴다는 세 자매의 여유 있는 삶이 자랑스럽다 못해 부럽기까지 하다. 노벨문학상을 수상한 서정시인 '예이츠'는 고대 어떤 도시보다 이스탄불에서 한 달만이라도 살아봤으면 좋겠다고 했다. 이곳 '엔조이 터키'에서 이스탄불의 아름다움을 노래했던 '예이츠'의 시를 떠올리는 것을 보니, 내 마음이 사로잡혔나보다.

금촌에서 맛보는 인도 네팔요리
더 히말라얀 레스토랑

주소 경기도 파주시 금촌동 새꽃로194 2층(경의선 금촌역 맞은 편)
문의 031-943-2256
영업시간 오전 11시~오후 11시

현지인 요리사가 만든 정통 인도 음식

봄이다! 따스한 온기에 겨우내 얼었던 땅이 움찔하며 여린 녹색이 삐죽 올라온다. 정통 네팔, 인도 음식점이 금촌역 앞에 있다는 말에 겨우내 굳었던 입맛에 사르르 침이 고인다.

메뉴판에는 '인도의 정서를 느낄 수 있는 곳, 십 년 이상 풍부한 경험을 쌓아온 요리사들이 현지에서 직접 가져 온 엄선된 식재료를 바탕으로 정통 인도음식을 한국인의 식성에 맞는 맛과 향으로 재현합니다'라고 쓰여 있다. 먹고 싶은 것이 한 둘이 아니다.

에피타이저에는 사모사, 그린샐러드, 콘크림스프, 토마토스프 등이 있다. 런치코스메뉴에는 그린샐러드, 탄두리, 커리를 취향에 맞게 선택하고 플레인난, 갈릭난, 버터난, 밥을 고를 수 있다. 후식으로 라씨나 짜이 중에서 선택할 수 있다.

디너코스메뉴에는 탄두리, 커리, 난과 라이스 그리고 디저트 음료와 술 종류가 있어 상세한 설명을 읽으면 첫 인도음식의 시작을 훌륭하게 즐길 수 있다. 참! 네팔의 스페셜메뉴는 따로 있으니 주문 전에 먼저 문의해야 한다.

탄두(화덕)에서 구운 탄두리

대표적인 인도음식은 역시 커리, 탄두리와 난이다. 향신료와 허브로 맛을 낸 시금치가 곁들여진 양고기커리 램삭, 신선한 양파와 토마토소스로 맛을  낸 소고기커리 비프 마크니, 코코넛과 캐슈넛, 크림소스를 넣어 만든 부드러운 왕새우 커리인 프론 코르마 등 여럿이 시켜 골고루 나누어 먹으니 좋다. 탄두리 치킨은 인도 전통 향신료에 하룻밤 재운 치킨을 탄두에서 구워낸 인도의 대표적인 바베큐다. 인디아 요거트소스에 부드러운 양고기 살을 재워 탄두에서 구워낸 바베큐인 램티카 등 고기든 해산물이든 화덕에 구우니 별미다.

인도 속담 '함께 식사하는 사람이 가족'

레스토랑에는 제법 다양한 고객이 보인다. 국내에 사는 이주 외국인, 다문화가정 인구가 200만 명이 넘는다고 한다. 이미 외국인들은 우리와 함께 살아가는 동반자이자 이웃으로 따뜻하게 품어야 하는 시대에 살고 있다. 음식을 만들어 나누는 것으로 우리는 보이지 않는 장벽을 허물고 마음의 다리를 놓는다. 인도에 이런 속담이 있단다. "함께 식사하는 사람이 함께 사는 가족이다" 같은 핏줄 만큼이나 함께 식사하는 것이 중요하고, 가족같다는 의미일 것이다. 특히 파주 금촌 지역 중심으로 이주민들이 많이 살고 있어 다양한 현지음식을 골고루 맛보는 즐거움이 크다.

네팔이 고향인 구마드 샤 사장

네팔의 카트만두가 고향이라는 프램 구마드 샤 사장은 한국에 온지 8년차이다. 전에도 '나마스테'라는 인도 식당을 운영했던 경력이 있어 음식에 자신 있고 당찬 모습이다. '더 히말라얀'이라는 식당 이름 때문인지, 네팔 사장님이어서인지, 맛잇게 식사하고 나니, 박완서 작가의 티벳네팔 기행문 〈모독〉이 머릿속에서 계속 맴돌았다. 박완서 선생님은 보약 먹는 대신 가는 여행이라며 네팔을 세 번이나 다녀오시면서 이런 말을 쓰셨다. "우리의 관광 행위 자체가 이 순결한 완전 순환의 땅엔 모독이었으니, 당신들의 정신이 정녕 살아 있거든 우리를 용서하지 말아주오." 난 아직도 티베트, 네팔에 가고 싶은 욕망이 있다. 다시 한번 〈모독〉을 정독하며 그 마음을 내려놓아야겠다.

주소 파주시 광탄면 혜음로 1107 광탄국수
문의 031-947-5853
영업시간 오전 7시~오후 10시(일요일 휴무)

한강 이북 유일한 '파주대장간'

3년 전에 〈대장장이와 호미곡선〉이라는 전시를 기획하며 가끔 들르던 곳이 광탄에 있는 '파주 대장간'이다. 한강 이북에 유일하게 남아있는 파주 대장간으로, 한근수 대장장이 60년 세월의 흔적이 차곡차곡 쌓여 있는 공간. 이 곳에 들르면 재미있는 것들이 한 둘이 아니다. 철커덕 가위 소리가 들리는 듯 엿장수 가위가 걸려있기도 하고, 쇠스랑, 선호미, 삽괭이, 곡괭이, 호미, 낫 등 농기구 박물관 같기도 하다. 모루 위에 두드리다 만 자루 없는 낫이 수북이 쌓여 있어 정겹다. 한창 좋은 시절인

221

1960~70년대에는 광탄 장날에서 하루에 이 만 개 씩 호미를 팔았다고 한다. 지금은 일 년에 낫을 이백 개 정도 만드신다고 하는데 농사도 비닐 멀칭으로 농기구 쓸 일이 적기도 하지만, 값싼 중국제가 판을 치니 비싸게도 팔 수가 없다고 하시다니 안타깝다.

지난 달에 한 대장장께 모종 삽을 부탁드렸더니, 흔쾌히 만들어 주셨다. 잘 두드려 만드신 모종삽이 묵직하니 맘에 꼭 든다. '장인이 만든 모종삽으로 농사 짓는 도시 농부는 아마도 내가 최초가 아닐까?' 생각하니 어깨가 으쓱해진다. 누구든 무쇠 모종삽으로 텃밭 농사를 잘 지으면 좋겠다.

'광탄국수' 대표메뉴 도토리가루로 반죽한 수제비

이곳에 오면 선생님과 점심 식사를 늘 같이 하는데, 한결같이 안내하는 곳이 바로 옆 집 '광탄 국수'이다. 가끔 토종 된장찌개를 먹기도 하는데, 그래도 이 집의 대표 메뉴는 얼큰 수제비와 들깨 수제비이다. 어디에서도 먹을 수 없는 수제비라 언제 먹어도 맛이 있다.

색깔이 약간 거무스름해 통밀 가루로 수제비를 뜨나 물었더니, 가을 뒷산에 떨어진 도토리를 한 가마씩 주워와 가루 내어 밀가루 반죽에 섞어 쓴다고 하셨다. 그 맛이 구수하고 쫄깃하여 별미 수제비가 된다. 얼큰 수제비는 호박, 감자, 숭덩숭덩 먹음직스럽게 썰어 넣고 직접 만든 고추장을 살짝 풀어 끓이는데, 먹으면 땀이 나도록 속이 확 풀어진다.

들깨 수제비는 영양 수제비이다. 사위도 안 준다는 요새 햇부추를 길

쭉길쭉하게 듬뿍 썰어 넣고, 감자와 함께 한소끔 끓인다. 도토리가루 반죽을 아주 얇게 손으로 뚝뚝 뜯어 넣고 들깨 가루를 넣고 팔팔 끓여낸다. 고소한 들깨 냄새와 수제비 씹을 때 살짝 떫은 도토리 향이 입안에 가득 퍼지는 맛이 이 집의 대표 들깨 수제비이다.

마을분들 밥상차린다는 마음으로

한근수 대장장은 30년이 넘도록 오랜 세월 이웃으로 살아온 전옥희 사장님의 맛깔스러운 음식 솜씨에 늘 칭찬이시다. 직접 텃밭에서 키운 것으로 된장, 고추장을 담그고 양념거리를 장만한다. 오늘은 가을에 갈무리한 고추에 풀을 발라 말려 기름에 튀겨 반찬으로 내었는데, 자꾸만 더 달라기가 미안할 정도로 많이 먹었다. 이곳에 오면 시골 외갓집에 온 기분이다. 올 때마다 있는 거 없는 거 모두 밥상 위에 오르니 반찬이 늘 새롭기만 하다.

"요즘 장사가 잘 되시나요?"

"이 식당 일은 장사라고 생각해서 이문이나 마진을 따지면 못해요. 언제든 저희 집에 오시는 손님을 대접한다는 마음으로 온 마음을 다하고 일하지요. 마을 분들의 아침 저녁을 차려 드린다는 생각으로 밥상을 차립니다."

나의 어리석은 질문에 참으로 소중하고 귀한 현답이다.

주소 경기도 파주시 돌단풍길 39
문의 010-8766-6112
영업시간 오전 11시 30분~오후 2시(일요일 휴무)

참 재미있어 '꼭 가봐야 할 곳' 이라고 식당을 소개받았다. 교하 출장소 바로 맞은편에 위치한 '임가락'이다. 맛있는 음식을 같이 먹는 건 가족의 큰 즐거움(=飪家樂)이 식당 이름이다. 정성껏 만든 음식을 가족처럼 같이 즐기기를 바라는 마음으로 이름을 지었다고 한다. 그런데 이 식당은 점심만 차려 2시까지만 손님을 받는다. 1시 40분쯤인가 도착했더니 식당 안에는 한 팀이 식사 중이었다. 문을 열자마자 앞치마 곱게 입은 인상 좋은 '거울 앞에 선 누님' 같은 주인장이 인사한다. "준비한 음식이 동이나 손님을 받을 수 없다"고 했다. 배가 고프기도 하고 멀리서

왔는데 아쉬워 주뼛주뼛 했더니, "그냥 밥이랑 들깨국이라도 좋으시다면 요기라도 하세요"라는 말에 얼른 식탁에 앉았다.

차림표 없는 식당

둘러보니 칠판에 쓰여진 오늘의 메뉴는 이랬다. 김치찌개, 병아리콩밥, 호박나물, 가지 나물, 미역무침, 월남쌈, 쫄면, 떡볶이, 빵, 과일 마요네즈 샐러드에 7,000원이라고 써 있었다. 버섯 넣어 끓인 고소한 들깨 국과 가지 나물, 호박나물에 금방 새로 썰어 온 김치 한 보시기를 병아리콩밥과 맛있게 뚝딱했다. 임사장은 오랜 직장생활을 하면서 외식이 늘 문제였다고 했다. 조미료가 많이 들은 음식도 그렇지만 획일화된 맛과 메뉴가 싫어서 내가 먹고 싶은 음식, 5대 영양소를 골고루 갖춘 제철 식재료를 갖고 다양하게 차려놓고 싶었단다. 그래서 고정 차림표도 없고 주인장 맘대로 차려놓은 대로 먹는 불친절한 식당(?) 진정한 가정식 밥집을 만들고 싶었다고 한다.

하루에 딱 20인분만 준비

하루에 딱 20인분 밥만 준비한다. 이 나이쯤에 내 맘대로 하는 재미있는 식당을 운영하려고 오랜 시간 사찰요리도 공부했다한다. 조리학과를 졸업한 요리사 아들의 도움과 응원이 큰 힘이 되었다. 딱 20인분의 식사를 준비하는 이유는 딱히 없다. 음식을 마련하면서 서두르지 않아도 되고 온 정성을 다해 즐겁게 준비할 수 있는 분량을 생각한 것이다. 이 15인에서 20인분이 딱 자신이 할 수 있는 한계인 것 같단다. 서두르지 않고 천천히 즐겁게 지금처럼 일하다 더 좋아하는 분들이 많아지면 반찬가게와 함께 운영해 보겠다는 것이 앞으로의 소박한 희망 사항이다.

토요일은 별식의 날이다. 오로지 잔치국수와 김밥만 있다. 혹 어쩌다 금요일에 남은 재료가 있다면 그건 서비스메뉴이다. 잔치국수는 3,000원 김밥은 2,500원이다.

이 식당은 1인 식당이다.

식당이 적다고 할 수 없는 규모인데 주방장도 캐셔도 홀 언니도 없다. 혼자서 음식을 차려놓으면 알아서 드시고 손님이 직접 카드를 긁고 가시거나 현금도 알아서 두고 가신단다. 임숙희 사장은 오늘도 식당 일이 끝나면 다시 병원으로 출근하는 간호사이다. 새로운 인생의 이모작으로 택한 이 일을 오래하고 싶으면 보람 있는 간호사 일도 소중하기에 병원 가는 발걸음이 가볍다.

탄현면 갈현리의 자랑
장터 원조국수

주소 경기도 파주시 탄현면 갈현리 318
문의 031-944-5811
영업시간 오전 10시~오후 7시 20분(매월 둘째주 수요일 휴무, 모든 메뉴 포장 가능)

잔치국수 맛있는 집

"국수 언제 먹여줄 꺼야" 라는 말을 우리는 "결혼 언제 할 꺼야"라고 알아듣는다. 그 옛날 밀은 매우 귀한 음식재료여서 일상적인 음식이 아니라 혼례 등의 잔칫날에 특별히 먹는 별식이었기 때문이다. 그뿐이랴 국수의 모양이 길어서 장수의 뜻을 담고 있으니 돌, 수연, 회갑잔치에 오신 귀한 분들의 음식대접에 필수였다. 아직도 비싼 호텔 결혼식장의 양식 코스의 마무리도 잔치 국수인걸 보면 누구든지 좋아하는 음식임이 틀림없다.

이 국수를 맛나게 내어놓아 소문난 집을 찾았다. 탄현면 갈현리에 있는 이 가게는 밖에서 볼 때 눈에 띄지도 않는 허름한 간판을 이고 있다. 그래도 금방 찾을 수 있는 것은 멀리서도 이 집을 찾아온 많은 자동차 덕이다. 점심시간 전후에는 사람이 붐벼서 기다려야한다. 기다린 보람만큼이나 국수가 푸짐하게 나온다. 먹어도 먹어도 끝이 안날 듯 양도 많지만, 맛도 일품이다.

이 집의 맛의 비결

원조 국수 집의 맛의 비결은 누구나 다 아는 비밀이다. 우선 멸치국물 육수를 내는데 뒷마당에 가면 항상 비늘이 퍼렇게 반짝이는 신선한 대멸치를 채반에 담아놓아 바람에 비린내를 날린다. 찬물을 붓고 양파, 대파, 대파의 뿌리까지 넣어 끓인 육수가 이 집의 중요한 맛 비결이다.

더 중요한 건 국수 삶기이다. 팔팔 끓인 물에 국수를 세워 넣어 붙지 않도록 저어주면서 삶는데 한번 끓어 오를 때 마다 찬물을 부어 주어 다시 끓이기를 두 번하여 국수에 찰기를 준다. 찬물에서 박박 주물러 여러번 헹구어낸 후 투명하게 잘 삶아진 면을 채반에 건져 낸다

딸 부자 집 넷째 딸은 사장님

이 집은 다복한 칠 남매의 딸 부잣집이다. 아들 둘에 딸 다섯인데 넷째 딸이 사장이다. 그 옛날 100여 년 전쯤 이 장소에서 할머니가 털래기를 파셨다고 했다. 털래기는 미꾸라지나 민물고기를 잡아서 수제비나 국수를 넣어 매운탕처럼 끓인 것을 말한다. 요즘엔 털래기란 말을 들어 보기도 힘들다.

넷째딸 정문희씨는 친정에 오면 어렸을 적 먹었던 할머니 음식이 그리웠단다. 오래도록 가게 가 비어있었는데, 집에 오면 그 가게가 눈에 어른거렸다. 그래서 아버님께 국수가게를 해 보겠다고 말했다. 뭘 만들어도 간을 딱 맞추는 손끝 야무진 넷째 딸이니 아버님이 기꺼이 승낙 하셨다. 벌써 칠 년 전 일이다. 그 사이에 아버님은 돌아가셨다.

정문희씨가 가게를 한다고 하니 언니들이 도왔다. 점점 일손이 부족해지니 지금은 남편은 물론이고 다섯 딸들과 조카들까지 주말엔 식당 일을 돕는다. 참 아름다운 정경이다.

요즘은 이웃보다 못한 가족들이 많다. 핵가족이라는 말은 이미 구시대이고 혼밥 이라는 신조어가 생길 만큼 누구든 혼자여서 바쁘고 외롭다. 따뜻한 마음을 가진 식구들이 모여서 만든 음식이어서 그런지 푸짐

하고 알차서 다녀가신 모든 손님들이 모두 감동한다.

옛날 집 그대로인 작은 식당이어서 정겹고, 찐한 멸치육수국물이 집에서 먹는 맛이어서 반갑다. 두부, 부추, 배추, 돼지고기 듬뿍 넣은 만두소가 꽉찬 만두도 일품이어서 만두하면 이 집이 떠오를 정도이다

사람향기나는 가족애

사람마다 먹는 양이 제각각 다르긴 하지만 복스럽게 소담스럽게 나오니까 "더 먹어라, 잘 먹어라"라고 말씀하시던 할머니의 무한 정이 살아나는 느낌이 든다.

보통 식당을 열면 재료비 따지고 인건비 따지고 임대료를 생각하는데 모든 것을 무시한 채 털래기 파셨던 할머니. 할머니가 하시던 그 식당 그 자리에서 온식구가 할머니의 마음을 이어 찾아오신 손님께 정성을 다한다.

보기 드문 가족애가 요즘 같은 세상에 귀감이 되어 사람 향기 나는 식당으로 널리 널리 알려지기를 고대한다.

힐링 오르골 레스토랑
컴프트리

주소 경기도 파주시 탄현면 법흥리 헤이리 마을 길 37-31
문의 031-945-2831
영업시간 오전 11시~오후 10시(21시까지 주문 가능, 연중무휴)

멤버십을 위한 공간을 레스토랑으로

'무엇을 팔 것인가'가 아닌 '어떻게 판매할 것인가'가 외식업의 성공을 좌우한다고 말한다. '언제? 어디서? 무엇을? 어떻게? 누구에게? 왜? 얼마?'가 중요하다는 것이다. 헤이리마을에서 야심찬 젊은 유신희 대표를 만나 그가 운영하는 외식공간을 알게 되었다. 주요 고객은 누구이며 이 고객의 이용 동기가 무엇인지를 알게 되니 저절로 감탄사가 나왔다. 이 회사는 '컴프프로'라는 어린이 기능성 최고급 가구를 만든다. 20년이 다 되도록 함께 해온 충성회원들을 위한 특별한 소통공간을 카페로 레스토랑으로 오르골로 다리를 놓은 것이다.

오르골 앞에서 동심에 푹 빠져

이 레스토랑에 들어서면 입구에 있는 움직이는 오르골 앞에서 잠시 동심의 세계로 푹 빠지게 된다. 서양인형들의 예쁜 모습에서부터 곰돌이 가족들의 즐거운 소풍이라든지 풍차가 도는 전원풍의 모습 등 짧게는 몇 초부터 몇 분까지 아름다운 음악이 흐른다. 이 연주에 사랑스러운 맘이 물밀듯이 샘솟는 기쁨을 느끼게 된다. 아! 생각해보니 그랬었다. 생일선물로 늘 같이 아침을 맞고 싶다는 뜻일 수도 있었고, 첫애가 태어나기 전부터 마련한 소중한 선물이기도 했다. 이 오르골이 식당 벽면에 그득하다면, 그 모습만 보아도 그저 힐링이다.

직원이 행복해야 고객에게도 행복한 식사를

오른쪽은 오픈주방이다. 셰프가 만드는 음식들이 식욕을 돋우지만 제일 눈이 가는 건 창밖으로 보이는 텃밭의 푸르름이다. 폐쇄된 공간이 아닌 고객과 눈 맞춤을 하기도 하고 창문을 열어놓으면 꽃향기도 날린다. 이 공간에서 만든 요리사들의 음식은 맛있고 건강할 수밖에 없다. 인상 좋은 주방 셰프에게 물었다. "이 집 맛있는 음식 비결이 뭐예요?" 했더니, "음식은 정직합니다. 신선한 재료와 정성이지요. 그리고 즐겁게 일합니다." 둘러보니 직원 휴게실도 부럽다. 잠시 누울 수도 있는 침대며 샤워실도 있다 직원이 만족해야 고객도 만족시킬 수 있단다. 당연히 즐거운 직원들의 일터에서 좋은 음식과 서비스가 고객에게 감동을 주는 것이다.

최고급 식재료를 풍성하게

음식이 나왔다. 샐러드를 시켰는데 야들야들하게 부드러운 신선한 관자와 살짝 구운 양송이버섯이 그득하고, 옆에 놓인 싱싱한 야채에 얹은 소스의 어울림이란! 누구든 좋아할 수밖에 없다.

피자도 재료에 정직하여 치즈도 푸짐하다. 도무지 어디에서도 본적이 없는 인색하지 않은 토핑이다. 바질 쉬림프 피자인데, 바질 페스토 소스에 통통한 새우와 모짜렐라 치즈가 그득하고 어린잎 채소를 곁들인다. 단골이 제일 좋아하는 메뉴는 디너코스란다. 한우안심과 루꼴라, 가리비관자버터구이, 식전 빵, 크림스프, 어린잎 샐러드, 아발런 제노베제 버터구이, 한우 꽃등심 스테이크, 커피 등의 코스는 특별한 날 손님접대에 우아한 식사가 될 것이다.

텃밭의 블루베리가 식탁으로

이 모든 것은 유신희 사장의 고객에 대한 배려이다. 충성고객에 대한 보답이랄까 이미 이익을 준 고객에게 어떻게 보답할 것인가를 고민하다 보니 최고의 서비스를 할 수 있는 공간을 꾸미게 되고, 일반 소비자들까지 혜택을 받는 것이 아닌지 모르겠다. 주변이 아름답다. 개울이 있는 야경도 좋지만 주변 텃밭에 심어진 블루베리가 한참 꽃이 피어 그 향이 그득하다. 곧 까맣게 잘 익으면 식탁 위에 오를 터이니 그 때가 기대된다.

맛있는 음식을 같이 먹는 것도 즐거운데 식당 벽에 가득한 오르골을 보고 동심에 빠져 헤어나기가 싫은 사람은 한 번쯤 방문해도 좋을 곳으로 컴프트리 레스토랑을 추천한다.

내가 만든 그릇에 맞는 음식을 만들자
손가주방

주소 탄현면 법흥리 103-2
문의 031-947-4668
영업시간 오전 11시 30분~오후 7시 입장 가능(일요일 휴무)

10년 전 쯤에 헤이리 근처에 작가들이 모여 사는 마을이 있다고 하여 자주 갔었다. 평소 잘 아는 작가님들을 만나 반가웠고, 여러 곳의 작업 실을 둘러보며 가슴 찡했던 공간이었다.

스스로 만든 그들의 열악한 둥지가 안쓰럽지만, 곳곳에 치열한 작가 정신이 번득이는 곳. 지금도 12명의 작가가 사는 그 마을에서, 기쁘게 도 '손가주방'이라는 맛집을 우연히 찾게 되었다.

오랜만에 찾아왔지만 이 곳 손창귀, 김영은 부부작가의 작업실은 여 전했다. 빛나는 오월이어서인지 정원에는 꽃나무들과 어우러진 손 작가 의 '사람, 새, 물고기' 작품과 김 작가의 '양'(양 모습 작품)과 작은 오브제 작품 등이 잘 어울렸다. 그 모든 것이 전시된 마당은 영락없는 가든 갤 러리이다.

안채 식당이랄까? '손가주방'이라고 직접 쓴 글씨도 멋지다. '손가체' 라고 부를까?

이 집 우동과 오뎅은 예전에 먹어봐서 잘 안다. 어느 집 우동 면인 줄 알아맞힌 경험도 있으니까. 이번에 또다시 여러 가지 다양한 메뉴를 먹어보고 '역시 작가는 작가다 '라고 무릎을 쳤다. 메뉴 개발뿐만 아니 라, 재료의 제 맛을 제대로 내기 위한 노력이 맛으로 고스란히 느껴졌다.

사실 우동은 면 맛이 중요하다. 졸깃졸깃한 찰기와 통통한 탄력의 정도, 면의 향이 우동의 완성도를 이루는 90%라고 생각한다. 작가가 이 집 영업 비밀을 알려주었다. 물론 냉동 면은 해동이 중요하지만, 면을 삶을 때 느타리버섯을 같이 넣어서 끓이는 것이 비법. 면에 따라 다르긴 해도 훨씬 졸깃하고 덜 퍼진다고 한다.

제일 잘나가는 해물 오뎅 전골은 역시 소문날 만한 맛이다. 온갖 신선한 해산물이 듬뿍 들어있어, 한 가지씩 건져먹다 보면 밑에 우동면이 가득 깔려 나온다. 우동은 일본 음식이어서 면과 함께 먹기는 좋지만, 국물만 먹기엔 우리 입에 좀 짜다. 국물 문화를 즐기는 우리는 일본과는 전혀 다른 해석이 필요하다고 느껴 고민하던 작가는 개운한 국물의 전골 형태로 우동을 재창조했다.

해물볶음 우동과 양지 샐러드 우동

해물 볶음 우동과 양지 샐러드 우동 역시 각각의 취향대로 맛이 다르다. 해물 볶음 우동은 문어, 새우, 홍합 등과 야채를 우동과 같이 넣어 볶아내는데 맛있는 태국의 팟타이 느낌도 난다. 양지를 잘 삶아 편으로 썰어 우동과 야채를 버무려 먹는 샐러드 우동은 깔끔하다. 뭔가 허전할까 싶으면 질 좋은 쇠고기를 양념 넣고 다져서 오븐에 구워 낸 바싹 불고기도 별미이다. 꼭 밥이 없으면 안 되는 이들을 위해 만든 멸치 볶아 만든 '손가밥'은 아이들도 좋아하며 곧잘 먹는다.

예술도 나눔, 음식도 나눔. 모든 게 다 통하나보다. 예술을 하듯이, 요리를 하듯이 작가들의 열정은 어디에서든지 그 힘을 발휘하나보

다. 전업 도예 작가로 살고 싶었지만 부부가 작업만 하기엔 힘드니 '눈 딱 감고 십 년만 내가 만든 그릇에 맞는 음식을 만들어 보자'고 마음먹었다. 오랜 콜렉터인 식당 회장님께 말씀을 드렸더니, 기탄없이 우동과 어묵에 대한 모든 중요한 비법을 전수해주신 게 큰 힘이 되었다.

　음식을 만드는 게 재미있고 그리고 고맙다고 한다. 정성껏 만든 음식을 맛있게 드시고 가시는 손님을 볼 때마다, 내 작품을 보고 좋아하는 느낌과 똑같단다.

　신이 만든 자연만큼 감동을 주는 건 없다. 인간이 신을 대신할 수 있는 영역은 예술이 아닐까? 예술 또한 나눔이다. 예술은 많은 사람들에게 오랜 시간 큰 감동을 준다. '밀레', '베토벤', '존 레논'을 만날 때마다 우리는 가슴이 뭉클해진다.

　손 작가님은 도예 작품으로, 음식으로, 나눔을 한다. 전업 작가로 남을 수 있는 탄탄한 기반을 잡도록 10년동안만 한다는 이 식당에 자주자주 우동을 먹으러 가야겠다.

콩요리 전문점
농부네

주소 경기도 파주시 적성면 감악산로 1346
문의 031 959 0423
영업시간 오전 9시30~오후 8시(추석과 설날 연휴 2일만 휴무)

이웃이 좋아하는 식당

작은 마을의 시골살이는 어느 집 부엌의 숟가락이 몇 개인지 다 안다는 것이 불편한 진실이다. 음식점도 마찬가지여서 만드는 비법은 다 몰라도 어떤 무슨 재료를 사용하는지는 시시콜콜 저절로 알게 마련이다. 그래서 외지 식당을 찾을 때면 현지인에게 조언을 들으면 실패할 일은 거의 없다. 그 동네분들의 추천을 여러 번 들었으나 2년 만에 비로소 '농부네'를 찾게 되었다.

파주 적성면 감악산로에 '선녀와 나무꾼' 부부가 운영하는 두부요리 전문점 '농부네'다. '농부네 콩맛'이라고 써진 돌조각품이 주차장 입구에서 있다. 왠지 이 집 콩 맛은 콩다운 콩 맛일 거라는 비장한 기운의 느낌을 받는다.

돌아온 진정한 농부

안주인 이순남씨는 후덕한 느낌의 함박꽃 같은 미소를 짓고 있어 마주 앉아 하루 종일이라도 이야기 나누고픈 여인이다. 바깥양반은 옛날부터 누구나 좋아하는 '막걸리'라는 별명을 가졌듯이 인상 그대로 털털하고 사람 좋기가 그만인 건강하고 유능한 농부이다. 생각보다 농사를 아주 크게 짓는 적성면의 대표 농부이신지라 기대만큼 내용도 훌륭하였다.

태어나서 농사를 업으로 삼겠다는 사람은 본 적이 없다. 밖에서 하고 싶은 것 해보고 쓴맛도 보고 그래서 외지 생활을 접은 건 IMF때였다. 처음 시댁에 들어와 마당에 가마솥 걸고 시어머님께 두부 만드는 일을 배웠단다. 억지로 하자니 재미도 없었지만 그런데 어쩌랴 시골농사는 가을이나 돈을 만져보니 그렁저렁하다 조금씩 욕심이 생겨 이곳 가게 자리로 옮겨 15년 째 영업 중이다.

처음엔 부모님을 돕기만 할 심산이었지만 이보다 더 맞는 일이 없다고 생각하게 되었다. 농부의 진정한 가치는 많이 생산하는 것이 아니라 '좋은 작물을 키워내는 공정한 마음에 있다'고 생각하게 되어, 농사를 천직으로 여기는 건강하고 유능한 농부로 변해 버렸다. 겨울엔 농사지은 콩으로 음식을 만드느라 농사철만큼이나 바쁘다. 이 집 가게 벽면에는 콩농사 사진들, 메주 만드는 사진들, 청국장 띄울 콩을 삶고 발효시켜 갈무리하여 포장하는 일까지 콩에 관한 모든 사진들이 친절하게 붙어 있다. 그렇게 자신이 농사지은 콩으로 음식을 직접 만드니, 그에 깃든 정성과 맛을 더 말해 무엇하리.

농부네 콩맛

이 집의 두부 맛은 참으로 안정적이다. 너무 단단하여 두부 맛을 못 느끼게 하지도 않으면서 슬쩍 눌러 찰랑찰랑하다. 씹히는 두부 맛을 못 느껴 살짝 아쉽다. 그런데 이 집 두부는 구수한 맛과 향이 무척 좋을 뿐 아니라, 딱 맞게 부드러운 두부만의 본질을 그대로 잘 지켰다고나 할까.

들기름에 노랗게 구워온 두부 구이, 새우젓찌개, 순두부, 콩비지, 청국장, 그리고 여름별미인 고소하고 쫄깃한 콩국수 맛이 어디에 내놔도 '엄지 척' 할 수밖에 없다. 두부가 운명적으로 다가왔다는 농부의 아내는

음식점 안주인으로 지금은 찾아주는 손님들이 고맙고 반가워 조금도 자리를 뜨지 못했다 한다. 이제는 일을 즐기는 경지에 올랐다면 지나친 자부심일까?

이 집 농사 규모가 크다 보니 김장배추며 무, 고춧가루, 서리태, 백태 등 농산물도 팔고 있다. 청국장 된장은 오랜 단골손님들에게 인기 품목이다.

조물주가 만든 물, 공기, 햇빛에 우리는 한 번도 고마움을 가져본 적이 없다. 매일 먹는 밥과 김치, 반찬 등도 누구의 노고로 편하게 앉아서 먹는지에 대하여 한 번도 알려고 하지 않았다. 이렇게 한시도 없으면 살수 없는 물처럼 공기처럼 먹을 것을 지어주는, 농사짓는 농부가 조물주 다음으로 위대하다면 지나친 평가일까? 농부처럼 살아야한다. 아니면 농부를 부러워하거나 미안해하거나 아니면 농부를 존경하던가!

꽃보시 마음,
밤골 즉석 메밀 막국수

주소 파주시 야동동 623-1
문의 031-947-4008
영업시간 오전 11시~오후 9시(하절기 연중무휴, 동절기 일요일 쉼)

금촌에서 탄현면 쪽으로 평화로를 지나다보면 풀무골 삼거리를 지나 대방아파트 입구 전에 GS칼텍스, 막국수집, 해장국집, 자동차 정비소 등 몇 몇 상가가 있다. 이 곳을 지나노라면 대로 옆에 텃밭인지 꽃밭인지 모를, 누구든 예쁜 꽃 보고가라는 듯 접시꽃이 잔뜩 피어있다. 그곳이 궁금해 일부러 갔다.

작년 이맘 땐 빠알간 주먹처럼 푸짐한 '주먹 맨드라미', 가닥가닥 쪼개진 '개맨드라미', 불꽃처럼 타오르는 듯, 끝이 뽀족한 '불꽃맨드라미', 맨드라미만 그득한 그 밭에서 잠시 잘 놀았었다. 그런데 올해는 접시꽃과 백일홍이 한창이다. 누구색이 더 짙고 아름다운가 경쟁하듯 피었다. 꽃밭주인이 바로 '밤골 즉석 메밀 막국수' 식당의 이범희 사장님이시다. 꽃밭을 보니, 한 가지만 봐도 열 가지를 안다고 이사장님의 음식이 손금 들여다보듯이 눈에 훤하다.

참 특이하다. 이곳에서 막국수 집을 연지는 4년째인데 혹 파주분이냐고 물었더니 아니시란다. 아들이 파주에서 군복무를 했는데 조금이라도 가까이서 자주 보고 싶어 새로 지어진 건물 1층에 막국수 집을 하게 되었다 한다. 아들 사랑 절절한 이 이범희사장님을 어떻게 생각해야 할까? 하긴 우리 부부의 연애 시절을 떠올리니 이해가 되긴 했다. 간절히 보고 싶으면 다 이루어진다! 그래서 아내가 근무하던 학교근처의 부대

로 보직을 받았으니까 말이다. 흐흐흐~

그날 그날 면과 육수 만들어, 저녁에 그냥 가는 손님 있어

크지 않은 아담한 이 집 음식은 깔끔하고 정갈하게 맛있다. 특히 막국수 국물 맛은 일본식 모밀국수의 맑고 진한 가쓰오부시의 맛이 많이 나고, 메밀 면은 강원도의 어디쯤에 직접 농사지어 방금 갈아 국수틀에서 뽑아낸 메밀향 짙은 면 맛이랄까 향이 짙고 찰랑찰랑 매끄럽다.

요즘 막국수 집의 육수 맛이 비슷비슷하다. 그런데 '밤골 국수집'은 식당 한 곳에서 온갖 정성으로 육수 만들고, 면 반죽하여 그날그날 오신 손님께 대접한다. 그러다 보니 가끔은 저녁 장사 전에 음식이 동이나 손님이 그냥 가시는 불상사가 이 여름에 있단다. '봉평 메밀 막걸리'도 있는데 금방 삶아낸 돼지 삼겹살 수육에 갓김치, 파김치, 곁들인 안주가 그만이다.

"감사해서 면사리는 무한리필"

이 식당 안에 크게 써 있는 문구가 또 특이하다. "맛있게 드시는 고객께 감사드리고 1인에 한하여 면사리를 무한리필 해드립니다. 또 곱빼기는 따로 추가요금을 받지 않으니 양이 부족하신 분은 미리 말씀하여 주시기 바랍니다." 저 문구에 사람들이 "다들 곱빼기 시키지 않나요?"라고 다시 물어도 이사장님의 말씀은 똑같다. '서두르지 않고 제 때 만들어 드릴 수 있도록 그저 말씀해주시는 것만으로도 감사하다'는 고마운 말씀뿐이다.

다섯 자매의 힘

무엇 하나 섞지 않은 깔끔한 콩 맛.

면을 무지무지 좋아해서 콩국수도 만든다고 한다. 이 집 메밀콩국수 맛도 담백하다. 가끔 고소한 맛을 내려고 참깨와 땅콩을 넣어 갈아 만든 고소한 콩물을 내는 집도 있지만, 이집 콩물은 무엇 하나 섞지 않은 깔끔한 콩맛이다. 친정어머님 비법으로 잘 삶은 콩은 소금으로만 간을 해도 좋기 때문에 오로지 콩으로만 콩물을 내린다 한다.

다섯 딸들이 돌아가며 식당일을 도와줘서 사장님만의 엄격한 잣대를 원칙으로 고수할 수 있었다고 한다. 그러다보니 단골이 생기고 저녁에 면이 동나기도 한단다. 욕심내지 않고 할 수 있는 만큼의 음식을 만드시는 것 같다. 옆에 널찍한 밭을 얻어 농사지어 반찬을 챙기지만, 꽃농사도 지어 하루에도 수천 명이 지나다니는 큰길가에 '꽃보시'를 하는 이범희 사장님! 그의 이런 심성을 보고 '음식이 어쩌네 저쩌네'하는 것이 오히려 우습기 짝이 없지 않을까?

장파리의 강변 매운탕
강변식당

주소 경기도 파주시 파평면 장마루로 255-1
문의 031-958-2932, 010-2668-2932
영업시간 오전 10시~오후 10시

아마 십년은 족히 되었을 성 싶다. 헤이리에서 회의를 마치고 파주에
서 가장 맛있는 매운탕집을 소개하겠다는 아트팩토리 황관장의 안내로
간곳이 장마루촌이었다. '장마루촌의 이발사'라는 영화를 찍은 마을로
간판도 건물도 쇠락한 이발소와 신작로길 옆의 작은 교회와 골목 하나
만 들어서면 집마다 꽃밭과 무성한 텃밭이 있었다.

큰 마당에 덩그러니 비어 있었던, 나락을 쌓아뒀다던 꽤 큰 농협 창고
를 쌈지 미술관으로 만들고 싶었던 기억도 있고. 삼십 년을 거슬러 가면
있을 법한 이 마을의 묘한 그리움의 분위기가 오래도록 가슴에 남았었는

데 눅눅한 장맛비에 뜨끈하고 칼칼하고 구수한 매운탕이 그리워, 해질 무렵 벌겋게 황토물 출렁이는 임진강물을 옆에 끼고 이곳 장파리에 왔다.

장마루촌의 이발사

장마루촌의 이발사의 이야기는 이렇다. 마을에 사랑하는 두 연인이 있었다. 그때 남자배우는 신성일, 여자는 김지미였다. 그러나 6.25전쟁으로 성일은 괴뢰군에 납치되었다가 구사일생으로 돌아왔고 다시 군입대하여 격전을 치르다가 성불구자로 고향에 돌아온다. 보고 싶었던 애인에게 가까이 가지 못하고 멀리하는 성일의 뜨거운 사랑을 느끼고 지미는 다시는 헤어지지 말고 영원토록 사랑할 것을 사랑바위 앞에서 굳게 맹세하는 아름답고도 애달픈 사랑이야기이다. 원래 이 이야기는 '박서림'씨의 소설인데 라디오 연속극으로, 또 1959년과 1969년 두 번에 걸쳐 영화화 되었단다.

남편은 어부, 부인은 식당사장

어쨌든 그때의 기억을 더듬어 장파리의 '강변 매운탕 식당'을 찾아갔다. 이런 얘기 저런 얘기를 나누다 보니 안사장님은 장파리가 고향이고 태어나 여태 이곳에 살았고, 바깥 사장님은 부산이 고향인데 어찌 어찌하다 보니 이곳까지 오게 되었단다. 남편은 워낙 낚시를 좋아하여 임진강에서 살다시피 하다 본격적으로 배도 한 척 사서 어부로 변신하였단다. 아이들 공부 시키려고 자의반 타의반 남편이 잡아온 메기 쏘가리 황복, 장어, 참게 등으로 매운탕 끓여 판 것이 어느새 30년을 훌쩍 지나버렸다는 김순희 사장님의 말씀이 왠지 이발사의 애달픈 사랑이야기와 겹쳐 부산 사나이와 장파리 처녀의 사랑이야기도 자못 궁금했었다.

임진강 제철 곳간

요즘은 음식에 대한 생각이 조금씩 바뀐다. 그래서 슬로우 푸드 운동도 있고 먹거리 정의운동도 있다. 전에는 '음식을 잘한다'라는 것이 '요리를 잘한다'였는데 이제는 요리보다는 원재료에 대해 더 살피고 공부하는 분위기이다. 물론 재료를 알고 잘 다루면 좋은 음식을 만드는 건 당연하지만 바쁘다는 핑계로 요즘 그 사실을 모두들 까맣게 잊고 사니 말이다. 아무리 성능 좋은 첨단 냉장고가 있다한들 제철에 먹는 임진강 제철 곳간만 할까. 요즘은 참게 매운탕이다. 가을에 난 참게는 게장 담가 먹고 요즘은 참게 메기매운탕이 좋다. 강물이 불어 장어도 제법 잡힌다. 텃밭에 그득한 고추며 호박이며 가지, 푸성귀 지천이어서 쑥덕쑥덕 만든 맛 오른 야채의 밑반찬 맛이 그만이다. 양식도 모자라 수입이 흔해진 이때에, 임진강 맑은 물을 살려서 자연산만 고집하는 강변 매운탕집의 바깥 어부님이 계속 고기를 잡을 수 있도록 응원한다.

참! 그 옛날 가장 융성했던 미군부대 시절 조용필이 노래했었다는 '라스트 찬스 클럽'의 흔적과 마을 곳곳에 붙어 있는 70년대의 사진과 마을 벽화들도 꽤 볼만하다.

정통일식당
다카미

주소 파주시 금촌동 944-31 인프라자 2층

문의 031-949-1718

영업시간 정오 12시~오후 11시(일요일 휴무)

제철 생선 민어 스페셜 코스

예사롭지 않은 일식 식당을 만났다 처음에는 SNS 홍보로 알게 되어 대수롭지 않게 생각되었으나 최근 8kg, 13kg 짜리 대형 자연산 민어로 귀한 고객 한분 한분을 소중히 모시는 마음으로 민어 스페셜 코스를 준비했다는 문구에 까다로운 일식당 소개를 결심하였다.

일본식 횟집, 활어횟집, 참치전문점 모두 생선요리라 다들 좋아한다. 특히 일본식 코스요리는 신선한 제철 바다내음 가득한 생선을 즐길 수 있기도 하지만 대부분 가격이 높은 편이므로 귀한 손님접대나 상견례, 특별한 날의 별식으로나 갈 수밖에 없는 형편이다.

간혹 큰맘 먹고 가고 싶지만 멀리 나가야 하는 부담이 있었는데 이집을 발견하고는 꼭 소개하고 싶었다.

마케터가 일식당 사장으로

생물을 다루다보니 우선 주인장에 대한 신뢰가 중요하다. 그러나 김윤호 사장과 말을 나누다보니 음식에 대한 확고한 프로의식과 지역에 대한 애정이 참으로 각별함을 느꼈다.

서울의 최정상 호텔에서 오랜 시간 마케팅을 담당하며 체득된 성공의 수순을 누구보다도 잘 알고 있기에 철저한 요식업 관리를 잘하고 있기 때문이다. 대학에서의 수산업 전공이 무관하지 않으며 고객의 상에 올려지기까지의 모든 것이 한 치의 흐트러짐 없이 정석대로만 하겠다는 의지가 지배인이나 주방까지 전달되어 음식의 질이며 서비스며 분위기까지 수준급이다.

회 잘 먹는 법

원래 제대로 잘 먹으려면 또한 잘 먹는 법을 친절하게 알려주는 서비스도 필요한 법이다. 냉동된 생선은 해동의 정도가 중요하며 젓가락으로 집었을 때 탄력 있게 약간 휘어지는 정도가 먹기 좋고 맛있는 상태이다. 생선이라고 무조건 레몬즙을 뿌리면 레몬의 산이 단백질을 산화시키므로 레몬은 간장에 넣어 상큼한 맛과 향기를 즐기라고 조언한다. 또 초밥 먹을 땐 간장에 고추냉이를 섞지 말고 고추냉이 따로 바르고 생선살에는 간장만 살짝 찍어 먹으면 더 맛있게 먹는 거란다. 물론 개인의 취향도 있겠지만 모든 생선회는 그 육질의 고유한 향을 음미하며 부드러운 부분은 부드럽게 살살 혀끝에서 녹는 맛으로, 또 졸깃졸깃한 부분은 잘근잘근 씹을수록 고소한 맛을 느끼며 즐기며 먹어야 제대로 잘 먹는다 할 것이다.

지역이 먼저 행복해야

다카마라는 말은 '높은 곳'이라는 뜻을 갖고 있다고 한다. 맛있는 음식과 따뜻한 마음을 나누기에 부족함이 없도록 찾아오시는 손님 한분, 한분을 소중히 모시겠다는 이집 이름에서 이 식당의 구성원의 결의가 엿보인다.

다카마의 대표 김윤호씨가 이곳 파주로 온 이유는 와이프의 고향인

연고도 있지만 중앙 도시에서 도시 주변 지역으로, 라는 큰 의미도 있는 듯하다. 파주지역에서 다카미 같은 외식업체가 분명히 필요할 것이라는 확신에는 김사장의 미래를 보는 혜안이라기보다는 이 지역민의 삶의 질을 고려하겠다는 넓은 아량의 마음을 엿본 것 같아 고맙기도 하고 반갑기도 했다. 지역이 살아나야한다. 먹는 거 입는 거 즐기는 거 모두 도시로, 중앙으로 집중되지만 유능한 분들의 지역사랑이야말로 나도 이웃도 행복해질 수 있는 지름길이기 때문이다.

정성은 시간과 비례하지 않는 것

"다카미 자랑을 해주십시오."라는 나의 요청에 경력 25년의 실장님의 기대 밖의 답변에 '옳거니' 무릎을 치며 하루 종일 마음이 훈훈했다. 이 주방장 말이 '기술은 시간이 지나면 쌓일 수 있지만 손님에 대한 정성은 마음의 문제이지 시간이 해결해주는 것이 아니다.'라는 나의 상투적인 우문에 이런 도인 같은 현답이 돌아왔다. 귀중한 손님 접대하는 저녁 사시미 코스나 참치코스도 좋지만 친구, 가족, 동료들과 '해피런치코스'와 초밥이 정말 좋다. 아마도 행복한, 그야말로 해피점심이 될 것을 보증한다.

맛있게 먹겠습니다

초판 1쇄　인쇄 2017년 10월 16일
초판 1쇄　발행 2017년 10월 22일
펴낸곳　신문협동조합파주에서
지은이　천호균
펴낸이　임현주
디자인　여현미
출판등록　2017년 10월 13일 제 406-2017-000139호
주 소　경기 파주시 아동로 22 D동 201호(금촌동, 미래상가)
전 화　031) 948-4900
팩 스　031) 948-4912
전자우편　atpaju@hanmail.net
홈페이지　http://www.atpaju.com
페이스북　https://www.facebook.com/atpaju

값 15,000원